學校行政第一本書
策略與方法

林進材　著

序

追求看不見的永遠

　　現代人要勇於去追求一個看不見的永遠，因為看不見的永遠，比看得見的永遠有價值。為人處事如是，人際互動如是，行政服務亦如是。擔任學校各種行政工作，除了需要服務的情懷，勇於承擔的精神，還須隨時讓大家感受到熱情與溫暖。本書撰寫的主要目的，是鼓勵大家勇於擔任學校行政工作，發揮各種專業能力，將服務工作的智慧，轉化成為各種效能的行動，在行政工作領域中，發揮各種創意以達到高效率的服務，進而增進生命的影響力。

　　本書的行動方案，分成三個主要的層次：

一、先看故事

　　本書每一篇章中提供的案例，都是真實故事改編，來自親身經歷、周遭人物、相互分享、口耳相傳，請讀者不必多想，也不必對號入座。主要是提供情境故事，讓大家透過故事的鋪陳，掌握擔任行政工作的關鍵，以各種經驗為師，學習各種行政服務的要領技巧，發揮更多元的行政智慧，轉化成為更有溫度的行動方案。

二、再讀原則

　　在讀完故事之後，每一則故事的呈現，都鋪陳著行政議題，提出擔任行政服務的關鍵要素，讓準備擔任學校行政的人員，對於學校行政事務，有一些基本的認識，透過這些議題的分析釐清，可以快速地掌握行政服務的各種要領，以利形成行政服務的模式，作為實踐的參考依據。

三、後接行政

　　看完故事讀熟原則之後，接下來就是勇於承擔，擔任學校單位各種行政服務工作。透過本書「你可以精進」的部分，掌握行政服務關鍵，運用各種模式實踐，延伸出更積極的服務方案，淬鍊出更效能的服務策略，讓相關人員可以感受到行政的溫暖、服務的溫度。

　　本書撰寫的主要目的，不在於為行政服務歌功頌德，不在於為行政運作提倡宣傳，不在於為行政流程擦脂抹粉，而在於鼓勵大家勇於承擔，且莫忘教育初衷，為學校行政服務點燃一盞亮燈，期盼大家積極參與行政服務工作。

　　本書的出版，感謝五南圖書出版公司長年來的支持，總編輯、黃副總編、編輯群的用心，讓本書可以及早問世，提供學校行政服務人員一個溫暖的支持；同時感謝過去個人在行政服務期間，提攜的長官、協助的同好、支持的同僑，希望本書的出版可以為學校行政注入一股積極主動的清流。

林進材

2021/09/19

目錄

序　i

一　理念情懷　　　1

1-1 在真話與假話之間　2
1-2 表明立場的重要　6
1-3 建立例行公事模式　10
1-4 化危機為轉機　15
1-5 一樣的情境不同的話術　20
1-6 感動大於拒絕　24

二　領導策略　　　29

2-1 授權的流程　30
2-2 一張發票就陣亡　34
2-3 學校評鑑如大拜拜　38
2-4 囉唆是保障的重要關鍵　43
2-5 我不是教你詐　47
2-6 主管人員的真真假假　52
2-7 行政三部曲　57

三　管理方法　　　63

3-1 哪來這麼多的慣例　64
3-2 書信的力量有多大　69
3-3 人情世故都需要兼顧　73
3-4 不同角度不同思維　77
3-5 面對倚老賣老文化　80
3-6 前後任心結的處理　84

四　行政服務　　　89

4-1 把簽呈送上來　90
4-2 行政效率不只是口號　94
4-3 行政服務也需要創意　98
4-4 學習運用開關哲學　102
4-5 誇獎的最高藝術　106
4-6 公文的性質　110
4-7 最應熟悉採購法　115

五	教學服務		121

5-1 作業量見仁見智	122	5-4 行動圖書車的由來	134
5-2 人生最後一個便當	126	5-5 對話中露玄機	139
5-3 我不是爛老師	130		

六	總務服務		143

6-1 定規範與驗收	144	6-4 交接清冊的運用	156
6-2 工友的考績	148	6-5 驗收與訣別	161
6-3 定底價的技術	152	6-6 讓專業回歸專業	166

七	例行公事		171

7-1 差一點點關係可大了	172	7-4 運用創意的點子	185
7-2 在細節處用心即是專業	175	7-5 調查局什麼都管嗎？	189
7-3 教育行銷的要領	180	7-6 我不是什麼都不會	194

八	策略方法		199

8-1 道德勸說的影響力	200	8-5 用他熟悉的方式送最後一程	218
8-2 撫卹或全領的決定	205	8-6 掌握關鍵時刻	223
8-3 表情是最無情的告密者	209	8-7 職章不離身	226
8-4 善用文字的力量	214		

附錄：中小學主任及校長甄試歷年試題 231

一

理念情懷

1-1 在真話與假話之間

三句不離謊話之離校長越來越近

學生：師傅，您覺得我可以當校長嗎？

師傅：請問你最近都說實話，還是說謊話呢？

學生：開玩笑，讀書人「仰不愧於天，俯不怍於人；君子坦蕩蕩，小人長戚戚。」怎可以說謊話呢？

師傅：唉呀！你離校長還有一段很長的路，呵呵呵。

學生：？？？

過一段時日！

學生：師傅，您覺得我夠資格當校長嗎？

師傅：哦！請問你最近都說實話，還是說謊話呢？

學生：唉呀！最近迫於現實，一半真話一半謊話，真的很不得已呀！

師傅：很好，你離校長這個職位越來越近了！再努力！再努力！

學生：？？？

又過一段時日！

學生：師傅，很久不見了，請問我夠資格擔任校長嗎？

師傅：唉呀！你最近都說實話，還是說謊呢？

學生：甭提了！為了讓行政業務更順暢，為了配合上級的要求，我真的是謊話連篇無一真話。

師傅：恭喜你呀！你夠資格當校長了。

學生：？？？

....

　　原來真的需要謊話連篇才能擔任高的職位，很多事情和自己想的不一樣。擔任行政服務工作，到底該說真話？還是說謊話？每個人的選擇不一樣，難呀！

行政議題

▲ ▲ ▲

一、事實和信念態度想法是有差別的

擔任行政服務工作，有一些事件的表達，需要直接坦白不可有所隱瞞；可是，有一些事件的表達，應該避免過於直接而傷害到當事人。例如：年度績效考核會議結束之後，考績被打乙等的同仁，為了避免產生不當的連漪效應，儘量用正面表達的方式，如「你表現得很好，可是制度規範如此」、「考績的制度受限於 75%，難免會有一些人需要委屈一下」等；避免以負面的方式表達，如「以你的表現怎可能拿甲等」、「我看學校就你比較適合拿乙等」、「我想老天有眼，你拿乙等也應該」等方式的表達，容易傷害到當事人。

二、說實話和不說實話差別在於時機

擔任行政服務工作，本來就應該說實話。因為，說謊話就需要用更多的謊話來圓謊，所形成的後遺症需要更多的心力才能加以彌補。如果行政服務人員礙於事實會讓人感到難過或不安的話，就讓當事人自己去「發現事實」、「面對事實」會比較理想。因此，說實話和不說實話的關鍵在於時機的掌握，有些時機需要說實話，可有些時機要選擇不說實話。例如：醫師在看完病人的檢驗報告，能直接向病人說「您剩下三個月的生命」嗎？

三、談事實和談想法信念是有差別的

學校行政服務工作，有些事實令人難過，主要原因是它是事實，無法改變的事實。行政服務人員在處理「與人有關」的事件時，要能區分談事實和談想法信念是有差別的。例如：上述的案例重點不在於「當校長一定要說謊話」，而是提醒要當校長時，就需要了解「哪些話該說」、「哪些話不該講」，講與不講都是一件很為難的事。由於

學校校長的職位與一般教師不同，每天會接觸到決策的事情，以及機密敏感的行政事務，當校長要能區分「哪些是該講的」、「哪些是不該講的」、「講的時機為何」等等，才能讓正面的事件擴大影響力，讓負面的事件降低副作用。

四、有些事實需要透過美麗謊言表達

資深的行政人員俗諺：「很多事實是相當殘酷的，但透過語言可以美化事實本身。」意思是說行政服務難免遇到令人感到殘酷的事件或時機，端賴行政人員如何針對事件本身，做比較理想妥善的表達。例如：有一個機關被裁併，原來的人員要精簡 30%，機關首長在面對這一個決策時，如何向單位員工說明這一個決策，才能降低被精簡員工的不滿情緒？機關首長需要運用一些行政的智慧，以及語言表達上的技巧，向員工說明精簡的計畫與方案。

你可以精進

一、服務既要說真話也要說假話

擔任學校行政服務工作，面對靜態的文書報表機會比較多，可有時候還需要面對動態的人與事。因此，行政人員的表達就成為服務成敗的主要關鍵。當面對與人事有關的事件時，需要思考適當的表達方式，在多種方案中選擇一種比較理想的表達方式，降低當事人的負面情緒，減少當事人對學校的攻擊力。例如：上述的機關裁併方案的擬定，首長可以先讓同仁表達對裁併的看法，以及個人的生涯去留，透過會議溝通各種計畫的內容，進而決定裁併的方案。

二、多運用正面的語言表達方式

　　本案例中的行政服務人員因為經常性的說謊，所以離校長職位越來越近，顯然是一句玩笑話。然而，在學校行政服務時，難免因為一些特別的事件，需要說一點謊話，以降低事實對人員的影響或傷害。擔任學校服務工作時，儘量避免說謊，宜多運用正面的語言表達方式，降低因為表達不當對當事人形成不必要的傷害。例如：學校教師因為班級經營處理不當，讓家長投訴導致被教育局記過處分，行政人員在傳達這個訊息時，應該儘量運用正面的語言表達方式，如「林老師是一位負責盡職的教師，只是在班級經營處理學生時，方法需要調整。」

三、讓當事人面對事實傷害比較小

　　處理行政業務時，資深人員有一句俗語：「當面傷人的影響，遠低於讓當事人面對事實。」意思是指與其要讓當事人難過，不如讓當事人自己去面對各種事實。上述的班級經營不當被教育局記過，等文件下來之後再讓當事人了解處分情形，不必提早讓當事人了解而導致更大的傷害。

四、錯愕的面對不如婉轉的說服

　　學校行政服務人員需要面對人員的各種事件時，宜針對事件的輕重緩急做溝通方面的分析釐清，想想要透過怎樣的方式和當事人溝通。行政的文書報表容易處理，有關人員的事務則需要謹慎處理因應。擔任主管人員，對於學校同仁握有「生殺大權」或「考核權力」，在處理人員獎懲或升遷時，需要謹慎處理以避免不必要的後遺症。

1-2 表明立場的重要

邀請擔任行政工作之我也很緊張

2010 年 8 月 1 日新任校長與學校教師的對話

黃校長：林老師，我是新來的校長黃○○，想要請您擔任總務工作，不知道您意下如何？

林老師：校長好！老師好！擔任總務工作，這個不好啦！

黃校長：為什麼呢？

林老師：感謝校長的提拔，讓我有機會擔綱重責大任，我沒有做過總務工作，對您對學校沒有幫助啦！我很緊張。

黃校長：林老師。沒有關係啦！我也沒有當過校長，我比您更緊張。

林老師：我？？？

2010 年 8 月 2 日 08：00 新任校長與總務主任的對話

黃校長：林老師，感謝您願意在我個人服務學校期間，擔任總務處主管的工作，這是您的聘書。

林主任：校長，感謝您的厚愛，讓我有這個幫大家服務的機會。

黃校長：真是感謝您。請接聘書。

林主任：校長！我有一些話想當面向您報告。

黃校長：林主任，請說。

林主任：感謝您請我擔任總務工作，我的工作信念是「文官不愛錢、武官不怕死」就好做事。您是我的老師，您當校長如果有貪腐情事，我一樣會將您移送法辦，學校的公款一毛錢都不會掉進您的口袋，請諒解我做事的原則。

黃校長：沒有問題，您的原則我喜歡。請接聘書。

林主任：感謝校長的諒解，感謝校長的抬愛。

　　林主任接過校長的總務主任聘書，恭恭敬敬的向校長行一個「最敬禮」。從此以後，黃校長與林主任成為學校行政服務的最佳拍檔，直到黃校長卸任並調任他校校長，學校都平平順順的發展，沒有任何的狀況發生。

行政議題

一、部屬與長官建立的專業信任關係

　　學校行政服務工作，長官與部屬之間的專業關係建立，影響行政服務品質，以及學校的工作氛圍。擔任學校行政工作，首先要了解行政工作業務的範圍，以及擔任的工作性質；其次，要和學校校長（或主管）取得專業方面的信任關係，了解主管對於行政業務的決策權，配合學校校長的治校理念，才不至於在未來的行政流程中，違背學校主管的意念。

二、接管行政業務需要保持嚴謹中立

　　一般而言，學校的行政服務工作，比一般的行政單位單純，且需要做決定的範圍與權限比較小。如果是一般的行政機關或是政府部門的單位，需要做決定的範圍比較廣，而且影響的層面比較深。行政服務人員在業務執行方面，需要保持更為中立嚴謹的立場，避免將個人的想法或欲望加入行政服務中。

三、與其事後紛爭不如有言在先

學校單位的行政服務工作，涉及校長做決定與授權的層面，行政人員需要事先與校長協商，或是取得校長的授權（參見本書有關授權的論述），作爲行政業務執行的指標。學校行政業務的執行，無法「凡事請示」、「凡事請教」、「凡事開會」，與其在發生事情之後產生紛爭，不如在事前有一個完整的授權，讓行政服務人員有參考的標準。

你可以精進

一、學習先取得首長的授權或共識

學校行政服務工作的範圍相當廣，需要做決定的關鍵點相當多，行政人員不可能事事都需要向校長請示，或是向處室主任請示。在校長任命擔任行政工作時，先將自己的立場「講清楚、說明白」，對於後續的工作有正面積極的意義。案例中的經驗，林老師在校長任命爲總務處主管前，雖然二人爲長官部屬、師生關係，林主任在接聘書之前，先將自己的立場向校長表達，對於後續二人的相處模式，具有正面之作用。

二、長官部屬相處模式建立之重要性

學校行政服務總務單位，是相當重要的部門，也是校長最信任的人員。如果，校長用對總務處室的主管，就可以避免很多不必要的困擾；如果，校長用錯總務處室的主管，就會爲學校帶來各種紛紛擾擾事件。如果有機會擔任學校總務處室的主管或是服務人員，上述的案例經驗可以提供作爲參考。雖然，林主任在新任校長商請擔任總務處室主管時，對新任校長講的一席話，表面上有一點對校長不敬的意

味，然而，表明自己的立場對於未來的相處模式，以及對於未來的工作具有正面積極的意義。

三、依法行政與婉轉說明的臨界點

　　學校行政服務工作，辦理時需要依法行政，才能在合法合理之下，提供更高品質的服務。如果，學校單位遇到「不講法、不講理」的校長，行政服務人員仍應該依法行政，並且透過婉轉說明的方式，讓校長或主管有一個明確的決定，避免因為臨界點的不清楚，導致日後無法承擔的後果。例如：學校的重大採購案、重要的營繕工程招標案，如果校長或主管對於《採購法》不熟，承辦人員應該要透過會議方式或是各種途徑，讓校長可以掌握招標工程的關鍵，改變校長原有的思維，以免在重大案件中犯錯而無法收拾。

1-3 建立例行公事模式

吹口哨來，吹口哨回去！

郭組長：林組長，有一個問題想要請教您？

林組長：哦！我洗耳恭聽！

郭組長：一樣做行政工作，您的負擔不比我輕，為什麼您每天都那麼快樂？吹口哨來，吹口哨回去？

林組長：這個嘛！簡單啦！快樂是一天，憂愁也一天，幹嘛選擇憂愁！

郭組長：瞧您講得很簡單、很輕鬆的樣子！

林組長：呵呵呵！

郭組長：還有，我每天處理繁瑣的業務，面對堆積如山的報表，做得像牛一樣，沒有一刻可以喘氣，連便當都無法輕鬆的吃，還老被長官 K！你看起來一副輕鬆樣，還東晃晃西晃晃，到處串門子，為什麼沒出過什麼狀況？

林組長：唉呀！您有所不知啦！我八字重，命好，不怕運來磨啦！

郭組長：別這樣啦！您老消遣我，有什麼祕密或祕訣，指導一下嘛！

林組長：不瞞您說，我的行政工作不比您輕，負擔不比您少，但是我會在執行業務前，先仔細思考一下，針對業務建立各種例行公事模式，模式建立之後就輕鬆了，而且不會遺漏各種業務的細節哦！

郭組長：模式？我還是一知半解！

林組長：嘿！以你的智商真難向您講解！我來舉個例子好了！

郭組長：我洗耳恭聽！

林組長：像您在辦理教師研習活動，聘請教授時，您的處理模
　　　　式是什麼？我的模式會將各種細節建立一種系統，然
　　　　後依據系統辦事，從聘請教授到經費完成核銷，都是
　　　　系統性的。

郭組長：原來如此！

行政議題

一、繁瑣的行政業務簡單的做

　　「繁瑣的行政業務簡單的做」，這不只是一句口號而已，而是從
事行政服務工作者，最應該改變的主要方向。很多行政人員從事服務
工作，習慣將簡單的工作複雜化，複雜的工作隨意化，導致行政服務
一團亂的情形。負責各種行政服務工作，要先了解工作職責的範圍、
擔任業務的執行方式等等，分析繁瑣的行政業務如何簡單化，將各種
繁瑣的、例行的、固定的、僵化的流程，透過邏輯與方法的分析，建
立行政流程模式，或是建立監督系統，提醒自己在執行業務時，有哪
些固定的步驟、哪些重要的流程等。

二、行政業務模式化的實際例子

　　行政業務模式化的方式，主要是將例行的行政工作所需要的流程
和步驟建立起來，作為後續執行業務的依據，同時可以提醒自己哪些
部分要注意，簡化自己的行政業務工作。例如：承辦教師研習活動的
工作業務模式，建議如下：

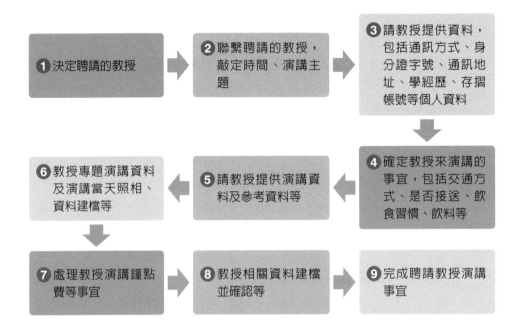

三、建立行政服務運作檔案並具體執行

　　行政服務工作脫離不了固定的文書報表，也脫離不了固定的運作流程，想要讓自己的行政工作更輕鬆的話，除了自己處理文書報表的速度要快，更重要的是針對自己的行政業務建立一個可行且高效能的處理模式。上述聘請教授專題演講模式的建立，不僅不會遺漏各種行政流程，還可以節省自己的處理時間，為自己提升更多的行政效率。

四、建立模式同時降低例行的行政負擔

　　上述聘請教授演講的案例，除了提醒行政人員需要處理哪些事務之外，同時也在辦理活動時，將教授的資料透過電腦建檔起來，作為未來處理行政業務之用，例如：年底寄賀卡時可以將教授的地址形成「電腦標籤」，不必花時間在抄抄寫寫上面；主計或會計單位在寄發「所得通知單」時，不必花太多的心力等。

你可以精進

一、用對方法就可以輕鬆吹口哨

　　行政服務工作的負擔，通常會因人而異。行政人員用對方法，就可以輕鬆吹口哨，用錯方法就會做牛做馬效果不好。如果擔任行政工作時，一頭鑽進行政服務工作，而不思考行政業務的性質，透過系統的方法處理繁瑣事務，當然就會花很多時間在處理例行工作上面，缺乏思考及反思的時間。

二、建立工作模式並循著模式運作

　　行政服務工作雖然負擔不輕，而且例行的事務讓行政人員忙不完，然而，只要釐清工作的性質，找出可行的模式、有效的策略，就可以精進行政運作的模式，讓複雜的工作簡單的做，繁瑣的業務輕鬆的處理。行政人員如果可以在平時的業務執行中，先提升自己的基本能力（例如：打字速度快、處理公文神速等），進而建立處理業務的快速模式，相信再難的業務都不會形成困擾。

三、建立可行的資訊監督稽核系統

　　資訊科技快速的進步，為人類處理訊息帶來相當的便利性，有效運用各種資訊科技，不僅可以提升行政效率，還可以增進人際互動的質量。行政服務人員的理念應該隨著資訊快速變化，將自己的業務建立可行的監督系統，為自己建立一個快速、效率的稽核系統，透過監督稽核系統，提醒自己有哪些重要的業務需要在有效時間內完成，以提升行政效率。

四、養成行政業務建立檔案的習慣

　　科技人俗諺：「關機前，記得做三件事！存檔、建檔、寄給自己。」意思是說，在電腦關機前要養成三個好習慣：(1) 資料存檔的習慣；(2) 資料建檔的習慣；(3) 資料寄給自己存雲端的習慣。第一，資料存檔可以隨時查考，隨時調出來運用；第二，資料建檔主要用意在於避免資料流失，或是因為電腦中毒而出狀況；第三，資料寄給自己存雲端，可以隨時從雲端下載運用，不必經常帶著厚重的電腦，或者從隨身碟中翻閱資料。行政人員應該針對自己的業務，養成建立檔案的習慣，以利後續寫報表填報資料之用。

　　完成上述步驟，你一定可以「吹口哨來，吹口哨回去」。

1-4　化危機為轉機

危機之「我要殺了你全家」

2005 年 2 月 5 日 10：00

　　總務處主任室桌上的電話鈴聲響了好久，辦公室沒人接電話！過了一會兒，電話鈴聲又響，仍舊無人接電話！

林主任：喂！您好，我是林主任！請問您是哪一位？

來電者：我哪一位！我是你祖宗啦！

林主任：很抱歉，如果您是來開玩笑的，請諒解我很忙，沒空和您玩！

來電者：你是林主任，你很大哦！你很忙！誰不忙！

林主任：您好，請直接說明來電的意思，不然我要掛電話了！

來電者：我是貴校這一次餐廳招標的廠商啦！去年在貴校餐廳提供服務，各方面的評價都很好，為什麼今年沒有得標，您們在玩我？

林主任：沒有辦法，學校餐廳的招標都是依據《採購法》，您今年沒有得標，來年可以再來呀！

來電者：來年？我去年投注了這麼多的設備，今年竟然沒得標，您們學校在開我玩笑。

林主任：感謝您去年的協助，《採購法》如此規定，我們一定要依法辦理，實在沒辦法。

來電者：您今天沒有給我一個合理的交待，我殺光你全家。

林主任：？？？

2005 年 2 月 5 日 15：00，忠孝國小（化名）校長室

林主任：校長大姊！我服務的學校去年餐廳廠商龔○○聽說是
　　　　您的堂弟，今年學校餐廳沒有得標，竟然來電話揚言
　　　　要殺我全家，我真的很害怕，在報警之前，我想先來
　　　　和您打一聲招呼，聽聽您的意見。

龔校長：有這回事？這個孩子真是不懂事，把政府的《採購
　　　　法》當什麼？看我怎麼修理他。

．．

　　　龔校長立即拿起電話，撥了自己熟悉的號碼。

．．

龔校長：宏明（化名）呀！你怎麼回事？你把政府的《採購法》
　　　　當什麼去了？學校的各種工程採購都需要依據《採購
　　　　法》辦理招標，你的公司沒得標就明年再來，你怎麼
　　　　可以威脅林主任要殺他全家呢？

接電者：我實在忍不下這一口氣！

龔校長：忍不下這一口氣，也不能這樣威脅人家，林主任人很
　　　　好，當年你父親往生時，他還到靈堂三跪九叩的，你
　　　　怎麼可以恩將仇報？你這樣是犯法的，你知道嗎？

接電者：姊！我在他們學校餐廳投注了很多的設備，今年沒得
　　　　標就會損失慘重啦！

龔校長：如果採購標案的文件沒有註記的話，你隨便增添設備
　　　　就要認賠，這和得標不得標沒有關係！

接電者：原來是這樣！我錯了！

龔校長：唉！真敗給你了，你趕緊向林主任道歉，看看怎麼收
　　　　拾吧！

2005 年 2 月 6 日 08：00

．．

　　　總務處主任室傳來一陣急促的敲門聲，林主任喊聲「請進」。

廠商龔○○跪在地上，用爬的爬進總務主任辦公室，林主任趕緊將其扶起來。

．．．

林主任：老大哥！別這樣，我承受不起這種大禮！
廠商龔：林主任！真是抱歉，請原諒我年輕不懂事，真不該對
　　　　您出言不遜！
林主任：唉呀！沒有關係啦！大家都是好朋友，別這樣！我相
　　　　信你只是一時情急，不是故意的。
廠商龔：對不起！對不起！對不起！
林主任：行政是一時的，朋友是永遠的。

行政議題

一、衝突的形成往往來自認知差距

　　一般而言，人類的行為來自於對外界事件的認知，以及對外界線索的認識所界定。例如：看夕陽時，不同的人有不同的看法；心情不同，看夕陽的感覺也不同；對象不同，對夕陽的欣賞程度也不同。行政業務執行階段，由於不同層次的人，對於行政業務的界定範圍認知不同，就會產生不同的想法，也會導致不同的行為。

二、行政人員和廠商對招標的認知不同

　　案例中的廠商由於對學校招標案的認知不同，認為去年得標之後的設備更新與人力的投注，今年一定還會得標。所以，當今年「未得標」時就認定學校主任刻意刁難，導致原廠商的重大損失，進而情急之下，打電話威脅要殺林主任全家。林主任因為廠商的威脅，產生心理方面的恐懼，進而尋求解套的途徑。

三、運用危機等於危險加上機會的原理

處理各種行政業務，難免因爲不同人員、不同情境，導致讓自己身陷危機的現象。當行政人員遇到危機時，謹記不要過於慌亂，要先思考危機產生的來源？這些危機如何化解？有哪些人可以幫忙化解危機？在面對各種危機時，或許可以先避免立即報警、透過法律解決目前的危機，而是應該思考有何「化危機爲轉機」的契機，運用這些契機幫助學校未來的發展。

你可以精進
▲　▲　▲　▲　▲

一、富在深山有遠親，貧在鬧市無人問的效應

行政俗諺：「富在深山有遠親，貧在鬧市無人問。」原意是說，一般人的觀念，只要是有錢人，哪怕住在深山裡，都會有遠方的親朋好友隨時來訪；如果是窮人的話，就算住在鬧市中，都不會有親朋好友關心。從事行政服務工作，應該要熟記這個道理，而且要倒過來做，爲自己累積行政人脈資源。具體的作法是「富在深山有遠親，貧在鬧市常問候。」當周遭的人需要關懷時，要不吝於付出關懷，有一天狹路相逢時，才能爲自己做各種的解套。

二、婚喪喜慶生老病死場合一一到場

處理各種行政業務，如何與相關人員溝通，用哪些語言、哪些方式、哪些策略、哪些方法，皆會影響行政運作的成效。上述案例中，總務林主任在招標案之後，因爲未得標廠商不服，導致無法想像的危機。所幸，林主任平時廣結善緣，結識相當多的社會人士，而且婚喪喜慶生老病死一律到場，因而運用廠商的堂姊擔任校長這一條人脈線，爲自己的危機帶來轉機；也因當年出席廠商父親的告別式，而化解了一場即將發生的風波。

三、隨時化解行政業務可能發生的誤解

　　上述案例發生的主要原因，在於廠商對學校招標案的誤解。在執行學校採購招標案例時，相關人員應該避免與廠商有不當的「友誼關係」，進行各種採購招標時，應該要「公事公辦」，避免讓廠商有「不當聯想」。因此，各種採購招標案，要利用各種招標會議「講清楚、說明白」，並且形成會議紀錄，讓投標廠商有正確的認知，不至於產生不當的聯想。如果可行的話，還要請廠商在招標紀錄上簽名畫押，以示負責。

四、學校行政服務危機處理模式與實踐

　　擔任學校行政服務工作，難免因為人事物認知方式的不同，而導致各種立即性的危機，當面對危機時可以考慮運用各種化解方式處理，避免危機處理不當形成更大的傷害。

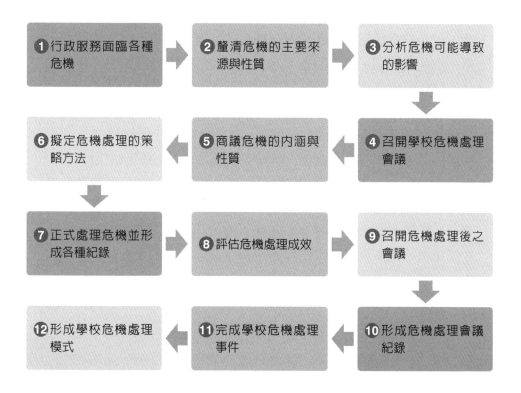

1-5 一樣的情境不同的話術

年輕人多讀書是好事

這是一則在校園傳播多年的事件，聽說該校不同的校長，不同的領導風格，就會帶來不同的學校氛圍。有此一說，看警衛的臉色，就知道今天校長在不在學校？如果警衛的臉色笑笑的，校長鐵定公出不在學校；如果警衛的臉色繃得緊緊的，校長八成在學校。

還有，不同的校長，同樣的情境，講了不同的話，效果也不一樣，對學校警衛的影響，差異也很大。我們來看看，這二位校長的差異在哪裡？為什麼同樣的情境，有不同的影響，不同的效果。

前一任的校長，是一位標準的「水裡來火裡去」的校長，雖然本身是讀書人，可是對於領導理論讀得能進又能出。有一天，巡視校園經過警衛室，值班的警衛很專心的在看書，校長經過警衛身旁，輕輕拍著警衛的肩膀：「年輕人多讀書是好事，但不要耽誤公事。」警衛一聽，連忙將書收起來，繼續戰戰兢兢的值班。校長的話，雖然輕輕柔柔的，可聽起來讓人不寒而慄。

這一任校長，也是一位標準的讀書人，據說學生時代是學霸，擔任教師、教學研究都相當優異，屬於學術研究學霸級的教師。遴選上這一所學校的校長時，大家都覺得這一位校長斯文且彬彬有禮。有一天，校長巡視校園經過警衛室，值班的警衛在看書，校長經過警衛身旁，拍了一下桌子，嚴詞厲色的說「上班時間看什麼書」。警衛一聽，連忙將書收起來，繼續心不甘情不願的值班，心中狂罵著「幹！就多讀了一些書，有什麼了不起的！我呸！」校長的話，聽起來讓人不爽到心裡。

同樣的情境，校長不同的言語表達，警衛聽到耳裡，有不同的感受，不同的反應，不同的影響。如果，您是校長的話，會採取哪一種反應方式？

行政議題

一、不同情境需要運用不同的話術

　　從事學校行政服務工作，重點在於提供學校同儕有關行政方面的各種服務，而不在於嚼舌根，運用各種話術。可是，很多時候很多場合，需要行政服務人員運用各種不同的表達方式，降低學校人員對行政工作的反感度。例如：在學校重要會議場合宣布重要政策時，單位處室主管的發言，就變得相當重要。例如：教務主任在催教師繳交年度教學計畫書時，「各位老師，年度計畫書儘快交上來。」與「各位老師，忙碌之餘別忘了我們等您的年度計畫書哦。」前後的語氣差別相當大。

二、行政服務的表達需要經常的練習

　　從事學校行政服務工作不難，難的是業務執行時，因為工作上的需要，如何有效的表達，從表達中讓他人感到溫暖關懷。案例經驗中，同樣是學校警衛值班期間看書的情況，一位校長輕輕的拍警衛肩膀，表達「年輕人多讀書是好事，但不要耽誤公事」，以及「值班時間看什麼書」，語氣的表達方式差異相當大，警衛聽到耳裡其心裡的感受鐵定不一樣。如果從事行政服務工作前，無法接受「說話藝術」的訓練，也應該多觀摩他人的說話藝術，作為自己表達行政立場的練習參考。

三、好的溝通模式要經常的練習

　　行政服務人員的身段與手腕，除了透過理論學習之外，也應該要在各種場合加以練習，才能收到預期的效果。想要在各種場合運用適當的表達方式，就要在平時多加練習，多加模擬，經常性的思考並形成自己的表達模式。本案例中的經驗，第一位校長遇到警衛值班時

間看書時，依據過去的經驗做了適切的表達，讓警衛自己決定下一個步驟該如何處理，此種不慍不火的方式，給了警衛面子也給了自己面子；第二位校長以嚴詞厲色的方式表達自己的威權，不但降低自己的格局，也點燃警衛的「不爽之火」。

你可以精進
▲　▲　▲　▲　▲

一、學習將自己擺在最有利的位置

　　學校行政服務不僅是一種工作，同時也是一種藝術，即服務與領導的藝術。擔任行政領導人員，對於和部屬之間的關係，宜建立在「領導與被領導」之間的平衡關係，才能在組織運作中發揮最大的效應。如果學校領導人員以官僚體系的角色，要求其他人員遵守規定，則收到的效果不會太好。此外，身為部屬人員也應該學習將自己擺在「最有利的位置」，避免讓自己處於尷尬的處境，讓長官對自己的能力感到懷疑，或是降低對自己能力的評價。

二、不同的表達方式帶來不同的評價

　　本案例經驗，同樣的人員同樣的情境，不同理念的校長不同的表達方式，帶來不同的效果與評價。第一位校長擅於運用各種表達的技巧，配合溫柔婉約的表達方式，讓警衛了解自己的立場，除了在言語鼓勵警衛之外，同時提醒警衛上班值班期間該有的分寸；第二位校長直接運用長官與部屬的領導語氣，加上自己的嚴厲表情，表面上警衛立即修正自己的作為，可是在內心深處種下對校長深沉的不滿。

三、從他人的經驗中形成自己的模式

　　擔任學校機關首長，需要歷練各種不同職位的工作，才能成就機關領導的位置。以學校單位的校長為例，要成為學校校長需要歷練教師、組長、各處室主任、副校長等職位，層層歷練與經驗累積，才能成就學校校長職位。在不同的低階職位時，所要面對的人員不同，應對的人員階級也不同，透過這些人員的應對，有助於慢慢學習與成長，未來才能在擔任主管時，適時地處理各種不同情境的人事物。

1-6 感動大於拒絕

校長與主任對話錄

場景一：學校處室辦公室

陳老師：主任，您怎麼把辦公室的東西都搬空了？您不打算續
　　　　任了嗎？

林主任：我已經在學校擔任行政工作服務大家好幾年了，該讓
　　　　我好好休息一下囉！更何況我父親肝癌復發在醫院開
　　　　刀，我這個當兒子的，應該好好地到醫院照顧他老人
　　　　家，善盡當兒子的孝道，不是嗎？

陳老師：收到！主任您真是一個孝順的孩子，您的情懷我們都
　　　　好佩服！您平時對我們這麼好，我們都捨不得您離開
　　　　處室。

林主任：感謝大家啦！行政是一種服務，有機會服務大家是我
　　　　最大的榮幸，別人來做會更好，更何況行政工作有任
　　　　期制，有機會大家輪替會更好。

陳老師：大家都捨不得您離開處室，我想校長不會放您走的
　　　　啦！

林主任：校長會放我走的啦！我的聘期到 7 月 31 日，明天就
　　　　8 月 1 日了，離開處室之後，我的手機會關機，讓校
　　　　長好好找新人來接。

　　　　從那一天起，林主任卸下行政工作，直接到醫院照顧生病開刀
的老父親，善盡為人子女的孝道，關掉手機杜絕與外界聯繫。

場景二：某醫院病房

　　林主任自從卸下行政工作之後，感到無事一身輕，輕鬆自在，在醫院照顧住院的老父親，父子無所不談，親暱如同當年未兼行政時。當林主任到門診部幫父親拿完診斷書，回到病房時，看到一個不可思議的現象。學校校長和老父親並肩坐在病床上有說有笑，如同「多年不見的老朋友」話敘一般。

林主任：校長好，您怎麼來了？
郭校長：沒事！沒事！我來和伯父閒聊而已，你忙你的！
林主任：感謝校長的關愛！

　　林主任心想怎會沒事？校長離開後老父親有話說了！

林爸爸：兒子呀！你們校長這麼有誠意，百忙之間還來看我，親自把你下一年度的聘書送來，兒子呀！校長對我們這麼好，這麼關心我們，你要好好的幹，回報校長的栽培之情！
林主任：爸！我？？？

行政議題

▲　▲　▲

一、學校行政應該從關懷開始

　　學校行政工作除了日常的例行公事之外，應該了解行政業務的推動需要有更多的「人味兒」，在繁瑣的文書、報表、計畫擬定的同時，也應該思考如何將關懷他人的元素納進行政服務的一環。資深行政人員有一句俗諺：「如果將行政做得冷冰冰的，有朝一日就會眾叛親離。」意思是說學校行政是硬的，可執行歷程應該是軟的、溫暖的、有感的。

二、感動大於拒絕的策略運用

　　學校行政工作需要大家組織分工，共同承擔服務工作。如果大家婉拒擔任行政工作，學校單位就會無法動彈而停滯。案例中的林主任，因為父親生病住院開刀，而且任期屆滿，希望藉這個機會卸下行政工作，可以全心全意照顧生病的老父。此種情懷固然值得肯定，然而，校長卻無法讓行政服務做得相當好的林主任卸下工作，所以透過探視林主任父親的方式，表達希望林主任繼續留下來的意思。

三、學校行政要用對策略方法

　　資深行政人員有一句俗諺：「兩點之間的距離，很多時候不是直線。」林主任藉著任期屆滿的機會，想方設法卸下行政工作，關掉手機杜絕與外界聯繫，讓校長知難而退。然而，校長知人善任，希望林主任繼續為大家服務。所以，透過探視學校同仁父親的機會，在林主任父親面前稱許林主任的行政服務能力，將未來的聘書親自交給林主任的父親，運用「間接有效」的策略，讓林主任無法再次拒絕為大家服務的心意。

四、學校行政建議從讓利開始

很多時候，權利和義務是相對的，在學校行政方面如是，在爲人處事方面亦如是。擔任學校行政服務工作，需要從讓利開始，讓大家感受到行政人員的心意，了解行政人員的難爲之處。如此，對學校行政運作才會有正面積極的意義。如果行政人員執行業務時，一開始就想到自己的利益，以「自我中心」的態度執行業務，久而久之容易讓其他同仁感到厭煩，進而對行政冷眼旁觀、袖手旁觀等。

你可以精進
▲　▲　▲　▲　▲

一、將生冷的剩飯炒成美食

資深行政人員都會對新進行政人員耳提面命，從事行政服務工作要熟記「將生冷的剩飯炒成美食」的大原則，提供學校同仁更多關懷的服務。意思是說，行政服務本身是一種僵化、固定、生硬的工作，但執行業務時可以在固定的思維中，加入創意或關懷的元素進來。上述的案例，校長無法直接面對「去意甚堅」的林主任，因而透過探病的機會，以關懷形式表達對林主任的肯定，透過林主任的父親，讓林主任無法婉拒行政工作。

二、行政需要更多的關懷情意

林主任卸下行政工作之際，很多處室同仁表達對林主任的挽留之意，主要在於林主任平時擔任行政服務工作，對待同仁展現豐厚的關懷，對於學校人員服務得「相當到位」，讓學校同仁有感且感受到被關心。因此，在即將卸下行政工作時，同仁都希望他可以留下來，繼續爲大家服務。

三、做任何事情要提高附加價值

行政服務工作是一種助人的工作、關懷他人的工作、服務大家的工作，基於此種情懷，做任何事情都需要提高附加價值。例如：同事的家人生病住院，找時間探病是「人情之常」，在探病的同時表達對同事平時服務工作的肯定，以及對同事專業服務的稱讚，有助於強化彼此之間的感情，提升同事在家人心中的地位。例如：單位同事生病住院，可以考慮在送花的同時，附上一張表達對其工作表現的嘉許之言，讓病中的同事有欣慰之效。

四、在僵硬的行政業務中學習成長

行政服務是一種固定的、僵化的工作，從事行政服務的過程中，自身的學習與成長是行政工作另一層面的關鍵。擔任行政服務工作，除了熟悉行政職責與工作範圍，同時要思考從行政服務中有哪些重要的學習與成長，可以從行政中獲取生涯發展正面的成長要素，從行政服務中學習，從成長中行政服務。

二

領導策略

2-1　授權的流程

校園故事

　　新學期到來，新校長到任，學校的行政主管在新校長多方邀請之下，已經齊全且就定位，接下來就是忙碌的校園生活。經驗豐富的總務主任在第一次主管會報之前，私下請示校長有關學校的行政授權問題。校長是新手也是初任，剛到新學校新手就位，對於學校行政方面的授權，還沒有一個篤定的說法。

　　經驗豐富的總務主任提醒校長有關授權的意義對於學校行政的重要性、校長的授權有哪些範圍、這些授權對行政主管執行業務的基準等等，總務主任還舉了一些實際的例子。最後，新校長終於了解授權的意義和重要性了。

　　有了授權這把尚方寶劍，機關首長及單位主管的權責就很明確了，行政業務承辦人就輕鬆了，可以快速地處理各式各樣的業務，不用凡事請示、凡事請教、凡事指示等。

行政議題

▲　▲　▲　▲

一、授權的意義

　　一般學校行政所謂的授權，主要是因為行政業務各有所司、各有所管，且不同單位的行政業務相當的廣泛也相當的細，學校校長（或主任）不可能凡事躬親、凡事管理、凡事掌握。因此，需要有行政流程上的「授權」。透過授權標準的擬定，校長可以讓學校主任在業務範圍之內當機立斷立即下決定，主任也可以授權組長，讓組長執行業務時可以自行決定。

二、授權的應用

　　擔任行政工作業務，有了單位主管的授權，在執行業務時，權責方面就很清楚且具體明確。行政人員在辦理各項業務時，可以依據行政主管的授權，直接進行行政方面的決策。例如：單位的主管授權「請購物品時，2 萬元以下的設備，由總務自行決定。」如此總務單位就不必在進行各式各樣的請購時，需要請示機關首長了。

三、授權的範圍

　　學校行政的授權範圍，指的是機關首長（或校長）在權責方面，哪些內容是自己要裁示的？哪些內容是大家共同協商的？哪些業務是主辦單位要決定的？哪些內容是承辦人員要決定的？等等。

　　學校行政授權的意義，至少包括二個重要的層面：其一，學校校長（或機關首長）授權到什麼程度？其二，學校行政人員可以「代為決行」到什麼程度？

四、授權的實例

　　有關授權的實例，例如：學校建築方面，「學校工程定底價，100 萬元以下由總務定底價；100 萬元以上由校長定底價。」招標會議主持方面，「500 萬元以下的開標會議，由承辦主管主持（如總務主任），500 萬元以上的開標會議，由校長親自主持。」學校公文決行方面，「計畫的擬定、工程招標規範、請購流程的擬定、人員的決定與經費的規劃，由校長親自決行。」「計畫實施成效、工程公告、例行文件等，由各處室主管代為決行。」

你可以精進

一、先確定授權的意義和影響

　　授權的決定與範圍，對於學校行政人員處理公務，是相當重要的規範指標，透過對於授權的理解與依循，才能真正做到分層負責，讓行政運作暢通，而不至於增加行政人員的困惑。因此，擔任學校行政工作時，要先了解學校行政運作的規範，熟悉行政運作的流程。對於授權的主要意義和影響，行政人員要能充分掌握、了解授權的意義和對學校行政的影響，以及對於自己擔任工作的意義，才能使行政決策順暢，減少來自行政運作的負擔。

二、了解授權對自己業務的關係

　　學校行政工作的運作需要掌握工作職責與範圍，以作為處理行政工作的依據。擔任行政工作除了自身原本的教學職務之外，也應該釐清行政工作與教學職務之間的關係，如何做有效的區隔。在執行行政業務時，需要釐清機關首長（或主管）的授權內容與範圍，作為自己行政業務實施的參考，了解哪些是校長決定的？哪些是主任決定的？哪些是你可以「代為決行」的？掌握了這些規範與標準，接下來就是熟悉自己的行政業務，找出效能、效率的行政運作方法。

三、針對授權進行練習

　　學校行政有了授權內容和範圍，行政人員就可以針對授權進行練習。例如：定底價方面，100 萬元以內由處室主管擔任，100 萬元以上由校長擔任。校長就需要針對定底價的技巧，擬定如何定底價的方法。由於學校的招標案會依據「年度預算」來執行，定底價會參考年度預算書來定，如何訂出一個適合的底價，校長和行政人員需要有「高超的技術」。以 500 萬元的預算書來說，校長如果定底價時打 8

折，會訂出「400萬元」底價，這個底價很容易出狀況，讓參與招標的廠商猜中，導致校長的底價和廠商招標的底價一樣，事後還會有「犯法」的可能，或是需要進行事件的說明答辯。如果校長定的底價是「3,984,267元」，就不會出現上述的現象或窘境。

四、熟悉授權的運用和操作

授權內容與範圍的熟悉，需要有明確的公文書或紀錄，承辦人員才方便作為學校行政運作的標準，有利於組織分工的運作。學校行政人員在掌握授權的內容之後，還需要熟悉授權的運用和操作。

如果擔任校長，就要先說明授權哪些內容？授權的程度？授權的範圍？例如：哪些會議自己親自主持、哪些會議教務主持、哪些會議總務主持？哪些請購校長決定、哪些請購處室主管決定、哪些請購承辦人員代為決行等。

如果在學校擔任行政工作，就要熟悉授權的內容和範圍，了解授權和行政業務的關係，若新校長到任就需要「請示校長的授權」，作為後續處理業務的參考標準。

行政授權是組織分工的依據，是學校擔任行政工作的參考標準，有了明確的授權才能真正落實組織分工、行政各司其職的效能，才能真正落實行政效能與效率。行政主管擬定授權的範圍、內容、標準之後，要在適當的會議中提示行政人員，並且形成會議紀錄，提供學校的行政人員參考。

2-2 一張發票就陣亡

校園故事之依慣例行事

這是一個發生在校園的真實故事，讓校長和學校行政人員聽了就毛骨悚然。一位很有經驗的國中校長，因為在上一所學校任期屆滿，經過層層關卡遴選到另一所國中擔任校長。

這位黃校長在上一所學校，不管是校務經營、課程教學領導、人際關係營造、校務工作評鑑等，都處理得很順手，給學校教職員工和社區家長的印象相當好，外界的評價也相當的高。

黃校長到任新學校，憑著上一所學校的經驗模式，一到新學校就展開滿懷的抱負，很快的學校行政主管受邀上任，沒有遇到婉拒擔任行政工作的同仁，所以大家都說黃校長八字很重，沒有遇到任何的困境。

有一天，黃校長的舊識長官來訪，依據上一所學校的慣例，請老長官到學校附近餐廳用餐，學校幾位行政主管作陪，為了表示對老長官的賞識，點了當地幾道名菜，離開餐廳之前「依例」請老闆開了一張發票，在發票中夾帶了送長官的小禮品，因此聚餐費用明明是 3 千元，可發票卻開立 5 千元。

後來，黃校長被檢察官依法提起公訴，罪名為「偽造文書」、「貪汙」！

行政議題

一、以前可以不代表以後也可以

公部門為了規範各機關行政單位的採購，於 1998 年通過頒布《政府採購法》，簡稱《採購法》，並於 1999 年施行。《採購法》的主要內容包括總則、招標、決標、履約管理、驗收、爭議處理、罰則、附則共八章 114 條等。所以，學校單位主管或行政業務人員，需要了解《採購法》的主要內容和規範；處理行政業務時，有關經費的運用和核銷等，需要了解以前可以的流程並不代表以後也可以。

二、行政業務一定要依法辦事

上面的案例，黃校長在原來服務的學校處理交際應酬相關費用時，因為學校各種情境脈絡的關係，可以將餐費與禮品合併處理，學校會計主計單位因為黃校長的處事風格，或許有可以處理的彈性空間和便宜行事的機會；然而，《採購法》公布實施之後，在經費的運用與核銷方面有了改變，黃校長需要改變處理經費的方式，避免在學校行政方面有「觸法」的現象。

三、公款的處理一定要再三謹慎

資深行政人員有一句俗諺：「如果你的發票多於核銷的經費，你就可以安心下莊。」「如果你核銷的經費多於發票，你就準備進牢房。」意思是指在處理公款時一定要依法辦事、謹慎再三。買多少便當開多少發票（或收據）、開多少發票報多少帳、報多少帳請多少公款。學校行政人員在處理公務時，有關經費的運用，除了要依據預算書之外，絕對不可以因為各種情況而「便宜行事」，釀成無法收拾的後果。

四、寧可自掏腰包也要避免犯法

　　「貪小便宜」、「便宜行事」、「依賴經驗」、「想像行事」，是擔任學校行政工作最大的潛在危險因素。不少的學校行政人員由於經驗缺乏或忙碌，而在處理經費時採取便宜行事而觸法不自知。上述的案例，由於黃校長依據過去的學校管理經驗，將餐費與送禮合併開發票，一來有偽造文書之事實，其次有貪汙之嫌，導致自己可能觸法。在執行各種學校行政業務時，需要事先了解經費的編列、費用的處用原則、經費的處理規範、經費的核銷流程等等，避免公費私用、公私不分，有些費用寧可自掏腰包也不要「踩在法律的邊緣」。

你可以精進
▲　▲　▲　▲　▲

一、首長應避免碰觸現金

　　一般的機關首長依法有主管特支費，作為機關首長交際應酬之用，不管法規如何規範主管特支費用的處理，擔任機關首長在運用這些特支費時，建議採取「從嚴使用」、「謹慎報支」、「從實核銷」原則。如果您擔任機關首長的話，建議採用避免碰觸現金的原則，例如：學校機關團體聚餐，校長可以決定用餐地點，然後由總務單位人員付錢核銷等。

二、婉拒模稜兩可的行政裁示

　　如果擔任學校行政人員，在處理學校經費預算時，有來自校長或主管「模稜兩可的裁示」，或是「不合理的指示」時，礙於彼此之間的關係或長官部屬之關係，則行政人員應該針對情境給予婉拒。例如：上述案例餐費 3 千元，請廠商開立 5 千元的發票；或是學校買50 個便當，開立 70 個便當的發票等等。這些不合理的行政裁示與要求，恐怕有誤觸法律的可能，行政人員應該適時地反應。

三、完整的經費運用紀錄檔案

　　法庭的經驗法則：「有理不一定打贏官司，有證據才能打贏官司。」學校行政業務相當的繁瑣，但是繁瑣中有規則及規範可以遵循。辦理各種學校業務有關經費的編列、預算的處理、錢財的核銷，都有可以遵循的流程及可以遵守的規範。想要在執行學校的行政業務中避免違規、違例、違法等，最好的上上策是事前請教會計人員、主計人員、審計人員，有了這三種人員的諮詢，就不至於產生不必要的困擾。

四、熟悉經費運用與核銷規範

　　學校經費的核銷有固定的流程和規範，在處理經費運用時需要遵守前述規範，避免各種「不得已的開支」出現，或者是各種私心、私德等不當的行政運用，以免因為一時貪念或便宜行事，導致觸犯法律的後果。擔任學校行政工作，不僅要處理繁瑣的文書報表，也要面對各種經費預算的運用，需要步步為營且依法辦事，才不會給自己帶來困擾，將學校陷入不必要的困境。

　　學校單位的年度預算，不管是「經常門」或「資本門」的編列，都是針對學校未來運作所需而設置，學校行政人員只要依據預算項目和規範，如常、如實地配合學校所需執行，就能收到預期的經費運用效果。當經費運用執行時，遇到有特別的情況，或者臨時改變修正的話，也應該在法規的允許之下做適度的修正及合理的執行。

2-3　學校評鑑如大拜拜

你究竟都在忙什麼？

2020 年農曆除夕

鈴鈴鈴！

學校教務處辦公室電話鈴聲響不停，電話無人接聽，可是辦公室燈火通明，好幾位行政人員忙進忙出的，像是如臨大敵一般，每個人手頭上的工作都忙不完。

鈴鈴鈴！

鈴鈴鈴！

鈴鈴鈴！

林主任：喂！您好，我是林○○！

來電者：老公！都幾點了，今天是除夕夜，大夥兒都到齊了，就等你圍爐了。

林主任：哦！好！再一會兒就好了！

一小時後！

鈴鈴鈴！

林主任：喂！您好，我是林○○！

來電者：老公！今天什麼日子？你要我們等你到什麼時候？你究竟都在忙什麼？停下來吃個年夜飯，有那麼困難嗎？真搞不懂，學校究竟有什麼好忙的？連大過年的除夕夜團圓飯都不能準時回來？

林主任：抱歉啦！因爲過完年，學校就要迎接校務評鑑，大夥兒都還在忙，我手頭上的工作還沒有完成啦！

來電者：唉！你乾脆賣給學校好了！我們不等你了，飯菜都冷了，爸媽和孩子肚子都餓了！

林主任：好了！不要再說了！

來電者：？？？？？

　　　　上級單位一天到晚評鑑學校，這個評鑑、那個督導、這個訪視、那個視察，搞得學校忙忙碌碌的，影響學校正常發展、耽誤教師的教學活動、阻礙學生的學習，評鑑真像是個緊箍咒緊緊地套在行政人員身上。每一位的校務評鑑，都非得忙得人仰馬翻不可，隔壁學校的教務主任就是因為忙評鑑，引發心肌梗塞而往生，唉！行政真是難為。

行政議題

一、校務工作評鑑的用意何在

　　　　一般而言，校務工作評鑑指的是上級單位每個年度針對各種學校行政事務，所進行的考核活動。例如：中小學校務工作評鑑、校長辦學績效評鑑、十二年國教提升教學效能評鑑、校園安全維護評鑑、學校友善校園工作評鑑等，都是爲了學校的發展項目所做的年度績效考核。每一個不同項目的評鑑工作，主管單位都會事先公布「評鑑指標」，讓受評單位進行事前的準備。

二、校務工作評鑑的邏輯意義

教育行政主管機關在辦理各種經費預算，或是經費補助各單位時，都會有一種邏輯主張「經費補助一定要辦事，辦事就一定要有紀錄，有了紀錄之後一定要詳細，詳細紀錄包括文字、圖片、照片，評鑑考核時一定要能證明績效，績效證明一定要優異，績效優異之後才會有下一次的補助。」因此，學校行政服務人員，在面對各種校務評鑑時，一定要遵守上述的校務工作評鑑邏輯，做事前的規劃準備，才不至於在校務工作評鑑時慌張失措，且影響各種行政事務的運作。

三、校務工作評鑑的準備要領

一般而言，教育主管單位的校務工作評鑑，不會僅僅針對個人做評鑑的要求，會將學校發展的各層面、各項目、各人員，做評鑑指標的建構與要求。因此，學校行政人員在準備校務工作評鑑時，需要先了解校務評鑑工作的標準有哪些？這些標準和學校行政工作的關係是什麼？這些標準和哪些處室的行政工作有關係？這些標準的評鑑文件報表是哪些處室的業務？等等，針對上述的要求標準進行組織工作的釐清與分派。

四、校務工作評鑑的事前部署

校務評鑑工作的準備，應避免以「一個人的武林」型態，做評鑑工作的事前準備，如此容易導致「掛萬漏一」的現象。行政單位的校務評鑑工作不會臨時要求指派，會在評鑑實施的半年前（甚至更提前），或是學校年度一開始就公布行事曆。從事行政服務工作時，一開始就要將校務評鑑工作納入年度的重要行事中，充分掌握事前的準備工作，請學校有關人員做事前的準備。

你可以精進

▲ ▲ ▲ ▲ ▲

一、針對校務評鑑工作建立評鑑流程

擔任行政服務工作，面對年度的各種評鑑工作，不必過於慌張，只要事前有準備，針對評鑑項目指標做各種專業的處理與準備，就可以輕鬆面對各種評鑑業務。有關校務評鑑工作的超前部署流程建議如下：

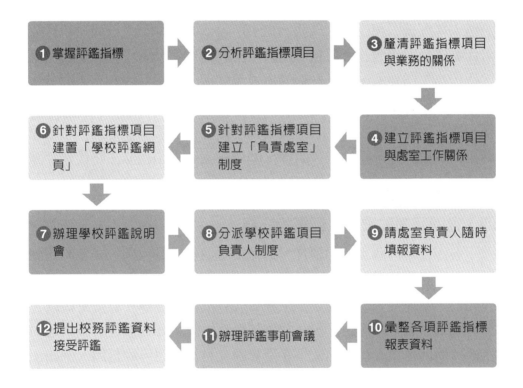

二、提供準備人員上傳評鑑資料系統

學校接受各種評鑑時，由於缺乏事前的計畫、事後的準備，導致形成承辦人員的負擔，視評鑑為畏途或不願配合。其實，各種校務評鑑工作在年度開始時，評鑑的上級單位就會公布評鑑實施的流程，以

利各學校單位的準備。因此，行政服務人員在年度開始時，就要針對各種評鑑工作做事前的準備。例如：商請學校資訊專長人員，協助將評鑑的指標和項目進行簡單的網頁設計，並且配合學校的網頁設計，提供行政人員和教師做評鑑方面的準備，隨時可以將評鑑的資料上傳到網站上面。

三、一個人走得快，可是一群人走得遠

俗諺：「一個人走得快，可是一群人走得遠。」主要意思在於一個人單打獨鬥和一群人一起承擔，所達成的效果是不一樣的。行政工作雖然是一種服務，但很多的行政業務需要學校各單位的配合。上述的校務工作評鑑，不是一個處室或單獨個人可以完成的，需要各處室的配合、各單位人員的協助，才能達到評鑑的最佳效果。上述的案例，擔任教務的林主任，將學校校務評鑑工作單獨攬在身上，自己花費相當多的時間，犧牲家人的除夕圍爐團圓，恐怕也無法將校務評鑑工作做到盡善盡美。

四、透過超前部署完成評鑑的任務

各種校務行政工作的運作，都需要事前妥善的規劃、完整的實施模式，才能達到最好的服務效果。上述的校務工作評鑑，需要各處室的配合、教師教學的協助、學生學習成效資料彙整等，並不是行政人員可以單獨承擔的。因此，在彙整評鑑資料前，如何透過資訊快速的特性，提供相關人員便利性，才是行政人員需要思考的議題。例如：透過學校網站資料的上傳，請相關人員提供「計畫、執行、考核」文字說明、活動照片分析、實施情形圖表等，在接受評鑑之前隨時上傳，就不會在評鑑前夕忙得人仰馬翻，加班到三更半夜，延遲到除夕的圍爐團圓。

2-4 囉唆是保障的重要關鍵

新來的主任真囉唆

　　新上任的總務主任召集學校所有的服務員（工友），一來藉這個機會認識大家，了解服務員的工作性質，再則感謝大家多年來對學校的支持，趁這個機會說明總務單位新的措施、新的作法，希望大家可以配合。

．．

林主任：大家好，我是新上任的總務主任，今天藉這個機會大家相互認識一下，順便說明處室新的措施，從今天開始，服務員如果在工作期間有任何事情需要外出的話，請大家在外出登記簿上簽名之後，才離開學校外出。

老張嘀咕：哦！新官上任三把火，先來個下馬威哦！

老　黃：應該的呀！不這樣怎能凸顯出林主任的威風，對我們緊緊的拴緊，才能對上面長官有所交代！

小　郭：唉呀！還是以前的王主任好哇，不會老是管我們，只要我們乖乖的，就相互平安，各自安好！真是懷念他老人家！

老　姜：誰在工作期間不會臨時有事呀！學校交待要噴藥，不要外出到商店買個農藥嗎？還是學校平時就需要囤積一些農藥以備不時之需？

事務組長：您們真多嘴，照主任交待的辦就是了，哪來這麼多廢話？

老　楊：以後的日子不好過囉！大家的皮繃緊一點，主任怎麼交待就怎麼辦囉！

> 林主任：我知道您們對這個作法有很多的意見，有很多的抱怨，但我是為了大家著想。您們想想看，在上班時間臨時外出，撥個空登記一下，如果在外頭出了什麼事，處理起來也好有個依據，您們不為自己著想，也要為家人著想。隔壁學校的服務員陳先生，因為在學校有事臨時外出，路上發生車禍重傷住院，學校想要幫忙申請「因公」都沒有辦法。
>
> 服務員齊聲：原來是這樣，想起來，還真有道理。

行政議題

一、處理公務寧可事先麻煩避免事後難為

處理學校行政事務，有關人的權益方面，寧可事先麻煩也要避免事後的難為。本案例中的總務林主任，希望服務員在上班時間如果有需要臨時外出的話，應登錄外出登記簿，主要的用意在於保護服務員，如果外出期間發生任何事情的話，可以「公假外出」，或「公差外出」方式處理。

二、任何政策的擬定需要更多詳細的說帖

學校行政服務時，有任何政策的改變或修正，行政人員都需要利用更多的機會，向學校有關人員詳加說明。本案例中的服務員外出登記制度，其立意是用於保護服務員，希望服務員臨時外出時，可以透過登記簿的方式，顯示出服務員的「服務狀況」，一來作為保護服務員的依據，再則可以預防意外事件發生時，作為最佳處理的依據。

三、處理行政事務需要針對要點詳加說明

　　學校行政事務規定的事件或要點，都有規範的範圍與實施要點，對於新進人員或相關人員，應該利用時間宣導，尤其是有改變的部分，和原來的規定有什麼差別，新的規定為什麼要修正，主要的原因是什麼。如此一來，與規定有關的學校人員，才會了解修正辦法的主要關鍵，才會在未來的服務生涯中，遵守各種學校的規範。

四、政策的制定不僅需要公布還需要論述

　　學校行政服務針對人員所定的政策，主要是針對人事而有所規範，希望透過制度的建立，可以用來規範人員的工作職責，規定人員的各種行為。案例中的總務林主任，針對服務員的公出登記所制定的新制度，希望服務員在外出時，可以在登記簿上登錄而有文字紀錄，如果外出而發生任何的意外時，可以幫服務員進行「公出」的處理。制度的修正出發點是好的、善意的，但服務員不理解而迭生怨言，對林主任產生敵意。在林主任的解說之後，了解新制度的立意才釋然接受新的制度。

你可以精進

▲　▲　▲　▲　▲

一、事前做好各種防範可以減少負面的困擾

　　擔任學校行政服務工作，應該針對各種制度和辦法，做好各種防範的準備。例如：案例中的林主任，針對服務員的外出情形，要求服務員一定要登記在「外出登記簿」，以預防外出時如果遇到各種意外，學校能有一個處理的依據。這樣的作法，不僅可以減少學校的困擾，同時也可以提供同仁在執行公務時的保障。如果，有學校同仁因為外出處理公務沒有登錄在外出登記簿，等事情發生後要補登錄的

話，就會有「偽造文書」的可能，行政人員無法承擔「事後補登」的行政責任。

二、與人有關的作法需要具體的說明

學校人員對於與自己的權利有關的各項措施，不見得都很清楚制度與作法的內容，與其讓學校同仁對有關的作法有「想像式」的猜測，不如利用機會向有關人員做具體的說明。本案例中的服務員「外出登記制度」，主要的用意在於保護服務員的權益，當有需要外出時做登錄，可以保障在校外執行公務的安全和權益。

三、行政運作需要更多文字說明和紀錄

擔任學校行政服務工作，除了熟悉自己負責的義務之外，也應該將和學校人員有關係的制度（或辦法），做詳細的說明和文字紀錄。例如：學校人員的退休制度、退休的待遇、退休的各項權益等，應該清楚的形成文字（或做成懶人包），可以快速提供相關人員有效的訊息，讓學校有關人員可以掌握自己的權益，避免因為誤解而導致個人的損失，形成學校行政方面的負擔。

四、囉唆與一再叮嚀是保障的重要步驟

資深行政人員有一句名言：「事前的囉唆叮嚀，勝過事後的反覆彌補。」意思是說行政服務要能「動見觀瞻」，以「超前部署」的方式提醒相關人員可能遇到的問題，將各種可能出現的狀況形成各種預防機制，以避免相關人員觸犯規定而導致不必要的損失。

2-5　我不是教你詐

工友（服務員）與主任的對話錄

張先生：主任早安，我過去一年這麼認真、這麼努力，做任何
　　　　事情都奉公守法，您們交辦的事情，我都如期完成，
　　　　從不遲到早退，為什麼我的考績還是乙等？

林主任：老張，您的努力我們都看在眼裡，也心存感激，感謝
　　　　您為學校的付出。不過年終考績有名額的限制，只能
　　　　有 75% 考績甲等，本校有四位服務員，只能有三位
　　　　甲等，一位乙等，這是制度問題，只能委屈您了。

張先生：我覺得學校的考績不公平，明明李先生比我表現還
　　　　差，平時工作怠惰，經常請假，可是評分卻比我高；
　　　　郭先生在工作時經常抱怨，對學校的長官私下常常批
　　　　評，考績卻拿甲等。您們這些當官的，對我有偏見。

林主任：不會啦！考績是大家開會共同決議的，不會有偏見或
　　　　對個人有私心的情形。

張先生：主任今天如果不給我一個合理的解釋，我就耗在這裡
　　　　不離開，直到您們讓我滿意為止。

林主任：我覺得您想太多了，應該要服從委員會的決議，未來
　　　　一年好好的努力，明年的考績才會拿甲等。

張先生：主任，您這是敷衍我，我還是有意見，無法接受。過
　　　　去，我已經往生的哥哥也在本校服務，對學校的貢獻
　　　　如天大，您應該看在我哥哥的份上，給我一個合理的
　　　　解釋。

林主任：這！

張先生：你無話說了吧！

林主任：既然您話都說到這份上了，那我就打開天窗說亮話，
　　　　如果不是看在您哥哥的份上，我早就依法將您開除
　　　　了，您還好意思用您哥哥來壓我？

　　林主任轉身將抽屜內部的一份文件遞給張先生，請張先生仔細過目，上面有張先生過去一年多次查勤不到，臨時點名曠職的紀錄。

林主任：老張，您仔細看看這一份文件，哪一部分冤枉您了，
　　　　哪一部分記錄不實？
張先生：我我我……

　　張先生轉身離去，從此不再提績效考核之事，默默地從事本職工作，學校同仁交代的事情很少延誤，在工作上戰戰兢兢。

行政議題
▲　▲　▲

一、學校教職員的考核需要訂有專章專責

　　學校教職員的績效考核，雖然中央單位訂有各種辦法，然而執行時不容易顧及個別的需要，以及接受考核人員的特殊性。一般的現象是「拿甲等的不會感謝學校，拿乙等的一定讓學校翻三層」，意思是說績效考核無法讓每一個人都滿意，也無法顧及每一個人的需要。績效考核被評為乙等的人員，一定會感到心理不舒服，對學校主管人員發動各式各樣的攻擊，讓主管人員倍感壓力。

二、學校重要行事需要有詳細的紀錄可查

　　學校行政服務在重大項目中，應針對各項行政建立「可行制度」，並且依據制度執行業務。本案例中的老張對於其績效考核被評為乙等，而感到相當程度的不滿，老張不會針對考績乙等自我反省，反而責怪學校人員對自己的不公平，進而提出各種似是而非的論點，讓學校主管感到壓力。案例中的林主任，為了避免績效考核帶來的負面影響，將學校考核制度轉化成為具體的紀錄，針對每一位工友的平時表現做成具體的紀錄，在關鍵時刻發揮有效的作用。

三、學校需要建立考核制度並且加以落實

　　機關學校在同仁的績效考核辦法的實施，應該針對考核辦法擬訂具體可行的策略，作為學校同仁考核的實施依據，避免接受考核人員事後提出異議，針對考核結果提出「反擊的說法」。本案中的林主任，將工友考核的辦法形成書面式的紀錄表，平時就針對工友的出缺勤形成正式的書面紀錄，白紙黑字記錄在案，到緊急關鍵時刻亮出來，讓老張啞口無言。

四、學校的重要規範需要讓相關人員了解

　　學校行政單位為了執行業務上的需要，通常會依據業務性質訂定各種要點和規範，作為業務執行的依循標準。學校行政單位訂定的各種規範，需要將各種關係人找來，共同協商這些規範如何擬定。前述的工友績效考核，總務單位（或考核單位）應該先擬定一個草案，召開考核辦法擬定會議，請單位主管和工友出席，經過討論、協商、論辯等過程形成共識，並且形成會議紀錄作為後續執行的依據。

你可以精進

▲ ▲ ▲ ▲ ▲

一、績效考核可以改用申請的方式

　　傳統的機關學校人員績效考核，是採用委員會議評定的方式。因此，受評人常常在評定結果之後，感到不受尊重或委屈。此種績效評定的方式，偏向於被動評定的形式。如果學校人員的績效考核改採用「申請表」方式，由考核委員會事先擬定申請表的內容，通過集體協商形成申請表格，則績效考核制度的實施比較不會受到受評者的質疑。

二、平時就必須進行考核形成紀錄

　　學校行政的運作需要形成各種紀錄，尤其是人員的績效考核，更需要將人員的各種平時表現，形成具體的數字或紀錄，才能讓考核制度真正落實，避免認真的人員被冷落，偷懶的人員被強化的現象。案例中的林主任，有鑒於「老張」平時的表現不佳，預見未來的績效考核之後，「老張」一定會大張旗鼓的抗議，提出各種似是而非的論點，所以將工友的平時表現形成具體的紀錄，作為日後查考之用。

三、將考核轉化具體數字以為佐證

　　學校人員的績效考核，想要落實考核制度，就需要將各種考核的標準（或要求）轉化成為數字，透過科學分析的方法，將考核制度真正落實。例如：做對一件事情加多少分，犯錯一案扣多少分，每一個標準都很具體不籠統，在平時考核中將各種表現記錄且轉化成為分數，在年終績效考核時作為評定分數的基準。案例中的工友績效考核，老張 88 分、老李 98 分、老黃 156 分（滿分無上限，以加分為原則）、小郭 238 分，老張最低分當然拿乙等。

四、選擇文字紀錄亮出底牌的時間

　　資深行政人員有云：「握有底牌不厲害，懂得亮出底牌的時機才是高手。」意思是說擔任行政主管，在執行業務時需要掌握各種對自己有利的事證，作為未來工作的護身符，而且掌握這些底牌不重要，重要的是要懂得什麼時候亮出底牌，讓底牌產生最大的影響力。本案中的林主任，原本不必亮出老張平時紀錄的，哪知道老張在幾經勸說之後，不但不放棄還氣焰高漲，林主任只好選擇亮出底牌，讓老張知難而退，平息風波。

2-6 主管人員的真真假假

校長您真的醉了嗎？

　　黃校長新到任學校第二天，社區舉辦三年一次的建醮大典，廟裡的總幹事邀請各機關團體主管、行政機關長官到場參與盛會。由於三年一次的盛會，社區民眾的盛情期盼，當天晚上席開 500 桌，當地的仕紳、民意代表、機關首長、學校校長、縣市政府長官都到了。黃校長帶領著學校各處室主管出席盛會，一時間好不熱鬧。

- -

廟會總幹事：蔣議員，向您介紹一下，這一位是忠義國中剛到任的黃校長！

蔣議員：黃校長！久仰您的大名，我是本區的議員，蔣○○，請多指教！

黃校長：蔣議員！久仰！久仰！未來忠義國中還需要您多給予指導！

蔣議員：黃校長！我們今天難得見面，先乾三杯！我們再來聊聊！

黃校長：蔣議員！很抱歉啦！我個人對酒過敏，無法喝酒啦！我以茶代酒向您致敬！

蔣議員：黃校長！這樣沒有誠意啦！你如果不乾了這三杯酒的話，就是看不起我啦！我只是一個小議員而已啦！

陳主任幫腔接著說：蔣議員！真的很抱歉啦！我們黃校長真的對酒過敏啦！

蔣議員：什麼過敏不過敏，黃校長就是看不起我這個小議員，才不肯先乾了三杯！

黃校長：真是抱歉啦！我不是看不起議員啦！而是過去有不

良紀錄，喝了酒當場給人家掀桌子，場面弄得很難堪啦！

蔣議員：沒關係，黃校長只要乾了這三杯酒，哪怕是當場掀桌子，我保證一定不會生氣！

廟會總幹事：是啦！黃校長就乾了這三杯酒，議員都說不會生氣了！

黃校長：真的不好啦！今天是特別的日子，如果因爲乾杯而掀了桌子，對大家不好啦！

蔣議員：真的！我保證只要黃校長乾杯，真的掀桌子的話，我一定不會生氣的，我保證！

陳主任：校長，既然總幹事和蔣議員都這麼熱情，您要不要考慮乾了這三杯！

....

　　黃校長拗不過總幹事和蔣議員，以及學校教務主任的盛情，毅然乾了三杯酒，大家都熱烈鼓掌，給予黃校長大大的稱讚。誰料黃校長幾杯黃湯下肚，臉紅耳赤的表情不尋常，過了一會兒竟然當眾掀桌子，現場一片杯盤狼藉的樣子，搞得大家非常的尷尬，總幹事和蔣議員因為有言在先，也敢怒不敢言。黃校長果然是三杯下肚，當場掀了桌子，一如他所講的一樣，會酒後鬧事影響大家的情緒。陳主任開車送黃校長回學校，攙扶黃校長回到校長辦公室，結束了一場廟會建醮的盛會之行。

....

陳主任：校長！您真的醉了嗎？

黃校長：陳主任！開玩笑，我是千杯不醉的喝酒高手，怎可能三杯下肚之後就醉而鬧事。

陳主任：那，校長您？

黃校長：開玩笑，人在社會行走，不來點江湖小技巧，怎能混下去？

陳主任：校長，您眞高哇！

黃校長：多學著點，呵呵呵！

．．．

從那一刻起，社區家長、議員和各界人士，在重要的聚會中，絕對不會勉強校長喝酒乾杯，大家都知道校長的酒品不好，會搞得大家很尷尬，連校長主動邀請大家乾杯，大家也都退避三舍。呵呵呵。

行政議題

▲ ▲ ▲ ▲

一、有一些人際互動策略要適時運用

擔任行政服務工作，要儘量採用正向的策略、積極的方法服務大家，避免運用「旁門左道」和「奇門遁甲」方式作爲行政服務的手段。本案例中的黃校長，基於廟會總幹事和蔣議員的熱情邀約，邀請黃校長當眾乾了三杯酒，以示對出席人員的尊重，黃校長在不得已的情況之下，運用一些小手段化解危機，並且奠定未來出席相關盛會的基礎。

二、人在江湖眞的會有身不由己的情境嗎？

行政服務工作的重點在於服務機關同僚，或是提供學校師生與家長在教育方面的服務。由於學校和社區家長的關係密切，彼此爲了增進情誼而在重要節日相互邀約，有交際應酬與盛典慶祝的場合，行政人員的角色拿捏與交際應對，需要各人員的社會智慧加以因應。俗諺「人在江湖，身不由己」，其實是行政人員給自己找的藉口，自己喜歡杯中物而拿人在江湖當藉口，導致自己形塑不良的形象。

三、行政領導形象的自我塑造與建立

擔任機關行政領導的角色，有很多機會形塑自己的形象。因此，您想要自己成為怎樣的領導者，平時就需要在各種場合為自己塑造形象。資深行政人員俗諺：「自己的形象自己塑造，自己的風格自己形成。」意思是說，在行政服務期間可以透過各種機會，為塑造自己的形象而展現不同的樣態。上述案例的黃校長，如果在出席廟會建醮典禮時，礙於總幹事和蔣議員的邀請，選擇三杯黃湯下肚，就容易被塑造成「愛喝酒、從不婉拒」的形象。

四、透過各種手腕有效化解尷尬處境

當行政人員因為單位性質或學校發展，需要面對各種社會性的場合時，有時候需要運用一點小技巧，為自己化解尷尬的處境，也為學校解除不必要的困擾。國內的教育氛圍，是屬於「政教合一」的氛圍。意思是，國內的教育發展與政治發展的關係過於密切，政治影響教育的情形相當嚴重，教育發展需要受限於政治生態。因此，學校教育的發展與一般政治人物是屬於既密切又相輔相成的關係生態。

你可以精進
▲　▲　▲　▲

一、假作真時真亦假

擔任行政服務工作，主要的用意在於服務，因而運用各種策略與方法的機會不多，如果真的需要運用策略與方法的話，也應該要從正面思維的方向。案例中的黃校長，由於初到新單位而出席當地的建醮典禮，屬於第一次和社區建立關係。礙於廟會總幹事和當地議員的邀請，希望黃校長配合乾三杯酒，黃校長為了後續的雙方關係，選擇採用「假作真時真亦假」的方式因應，以化解當時的危機。

二、無為有處有還無

　　人際社會互動需要多元的經驗，需要各式各樣的策略運用，才有利於建立各種社會關係網絡。當行政人員在面對社區家長，或是社會大眾時，各式各樣的場合可能為自己帶來各種的困境，如何在困境中脫困需要每個人的政治智慧。上述的案例中，黃校長應該是在經歷了幾所學校、多種場合之後，選擇一個比較是自己的表達方式，為自己營造一個有力的下台階。

三、在真真假假中做正確抉擇

　　在學校、社區與家長及民眾互動時，難免有一些需要學習的場合，在互動的場合中，需要行政服務人員自己選擇「適當的方法」表達自己的立場。有些場合需要真誠的態度，有些場合需要偽裝的方式，如何在真誠與偽裝之間做抉擇，當然需要行政人員的智慧。

四、行政人員的真真假假模式與實踐

　　有關行政人員如何在各種場合決定真真假假的策略運用，可以參考下列模式與實踐：

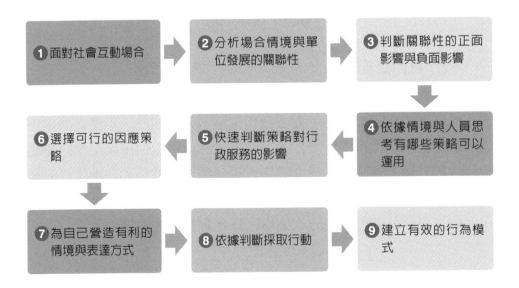

2-7　行政三部曲

新手上路三部曲：入境隨俗、靜觀其變、全身而退

學生：師傅，我即將到學校上任，您有什麼建議？

師傅：哦！原來您要「登基」了，真是恭喜呀！可喜可賀呀！

學生：師傅，您別消遣我了，徒兒是誠心誠意來向您請益的！

師傅：唉呀！文官不愛錢，武官不怕死，事情就會很好辦！

學生：師傅，您放心，學生一定不貪財，公款一毛錢都不會掉到我的口袋裡！

師傅：其次，行政服務三要！

學生：山藥？

師傅：是三要啦！嘴要甜、臉要笑、腰要低啦！

學生：了解！

師傅：另外，當官三部曲！

學生：什麼是當官三部曲？請師傅明示！

師傅：第一，入境隨俗；第二，靜觀其變；第三，全身而退。

學生：請師傅詳加說明，徒兒才了解其中的奧妙！

師傅：第一，入境隨俗，指的是到一個新的單位，要先了解這個單位的習性、人員的習慣，可別動不動就新官上任三把火，這一把火一定會先燒到自己。

學生：那，靜觀其變呢？

師傅：第二，靜觀其變指的是，到一個新機關，要記得多做事少說話，了解新機關的情境脈絡、人員動態，先冷眼觀察之後，再考慮下一個步驟要做什麼？以免因為過於躁動而釀出重大事件來，讓你的部屬看笑話！

學生：那，全身而退呢？

師傅：全身而退，指的是在新機關擔任主管，依法都設有任期
　　　制，任期一到就必須離開或輪調，要想想未來的退路和
　　　離開的身影是否夠漂亮等等。
學生：感謝師傅的耳提面命，徒兒這會兒記住了！

行政議題

▲ ▲ ▲ ▲

一、新手上路更應該要慎始

　　擔任主管或行政人員，一開始的作法、作風，會影響單位人員對
自己的觀感。因此，在展開行政服務時，應該從「慎始」開始，選擇
從哪裡入手，或從哪裡開始，用什麼方法開始，就會收到哪些預期的
效果。在剛到單位前，就需要想清楚自己的作風及未來的領導風格，
可能受到哪些方面的評價，哪些方面的議論等。

二、新官上任三把火的改革

　　俗諺：「新官上任三把火，一定會先燒到自己。」意思是說新
人上任到新機關，為了展現自己的領導風格與特色，都會想要大展身
手，透過改革帶來新的氣象，殊不知，過於躁進的改革手法，往往
給自己帶來負面的評價，以及同仁消極的抵制。與其一開始就造成機
關的不安，不如等觀察一段時間，再找個適當的時機展開新的改革與
作風。

三、行政服務三部曲的訣竅

　　行政服務是一件相當艱難，也相當有意義的事情，一來可以服
務同儕，再則可以成就自己生命的經驗、生命的意義。從事行政服務
時，避免運用各種不當的策略或失策的方法來成就自己的行政服務，

應當採用正向的、積極的方法，讓大家都可以感受到行政的溫暖、服務的熱度。行政服務三部曲：「臉要笑」指的是要經常笑臉迎人；「嘴要甜」指的是口語溝通要讓人感到開心，讓人感到甜蜜的滋味；「腰要低」指的是行政服務身段要柔軟、態度要和緩，避免一天到晚官腔十足、火藥味濃厚等。

四、新官上任三部曲的要領

　　上述案例師傅對徒弟的叮嚀：「入境隨俗、靜觀其變、全身而退」：(1)「入境隨俗」指的是初到新機關新環境，要先了解機關的「慣例」、「特性」、「規範」等潛在規則，思考這些規則的特色、運作的情形及實施的情況，對學校單位產生的是正面的效應，或是負面的影響；(2) 其次，「靜觀其變」指的是初到新單位時，不可以過於躁進、一開始就推動改革，要先深入了解機關的情境脈絡，仔細觀察單位的日常，先別評論現有的狀況，等過一段時間之後再針對觀察所得、思考結論，展開新的改革方案；(3) 最後，「全身而退」指的是遵守上述的原則之後，在任期結束時才能擁有退出的「華麗身影」。

你可以精進
▲　▲　▲　▲

一、謹記急事緩辦、事緩則圓的原則

　　擔任行政服務工作，要能掌握事情的輕重緩急，針對事情的節奏及關鍵，做有利的判斷與適當的策略分析，避免因為心急而產生負面的影響。下列的事情性質判斷表，可以提供行政行動的參考：

重要程度 緊急情形	非常重要	還算重要	重要	不重要	非常不重要
非常緊急					
還算緊急					
緊急					
不緊急					
非常不緊急					

例如一：隔壁學校失火事件，是一件非常緊急的事，可是對本校來說不重要！

例如二：明年教育局即將到本校進行業務評鑑，是一件非常重要的事，但不緊急！

二、新到機關學校透過簡報掌握狀況

如果您擔任學校機關首長，新到任單位時，想要掌握學校的各種狀況，除了到任前透過走訪方式了解狀況之外，也可以考慮各處室主管就定位之後，請各處事主任針對單位的業務狀況、發展情形、遇到困境等方面，進行簡單的業務簡報，透過業務簡報的方式，可以了解各處室目前的情形，以及遭遇到的困難，並且利用這個業務簡報時間，做「三不管地帶」業務的裁示。

三、改革一定帶來不安但創新必歷經改革

每一個機關學校的發展，一定存在多年的沉痾，需要新任的主管大刀闊斧的改革。可是，有不少的新手初來乍到，就展開各種的改革方案，導致「壯志未酬身疲憊」的現象。因此，在學校單位要展開各種改革之前，需要先「冷眼旁觀」一段時間，等待適當的時機，再展開理念的鋪陳、改革的宣示等，避免過於心急而遇到各種想像不到的

阻力，給自己帶來更多負面的阻撓，導致壯志未酬而心情低落。

四、運用煮青蛙效應作為學校改革的基礎

　　心理學中的「煮青蛙效應」實驗，內容指的是有二組青蛙，第一組青蛙放進一個裝滿食物和冷水的水缸中，在水缸底下慢慢加溫；第二組青蛙直接放進70度高溫的水缸中，請問哪一組的青蛙「必死無疑」。這個實驗提示了生於憂患死於安樂的動物習性。學校想要進行各種教育改革，如果採用第一組青蛙的實驗原理，以漸進的方式慢慢地實施改革，漸進緩慢地修正現有的情況，則改革成功的機率會比較高；採用第二組實驗的原理，由於一開始就觸及高溫，當然青蛙會立即脫逃，因此學校改革成功機率就會比較低。

三
管理方法

3-1 哪來這麼多的慣例

回澳洲的家是慣例？

1998 年 6 月 30 日校長室

陳校長：祕書！馬主任暑假回澳洲家的假單，你看一下怎麼處理？

林祕書：報告校長！馬主任本身兼任處室行政主管，依據規定暑假要到學校上班，如果要回澳洲的家，是要請「事假」或「休假」，不是請「公假」。

陳校長：那，這個案子該怎麼處理？

林祕書：建議校長請人事主任來說明一下。

陳校長：好。

人事龔主任：校長好！您找我有事嗎？

陳校長：學校的馬主任暑假二個月要請「公假」回澳洲的家，你們人事室怎麼沒有表示意見，就蓋了章？

龔主任：這件事呀！報告校長，馬主任每年暑假回澳洲的家，是屬於回去探親的性質，這是學校的慣例。

林祕書：依據相關的規定，請公假要有公假函，馬主任請假有附上公假函嗎？另外，兼任行政工作暑假要請假，除非有正式的公假函，不然只能請事假或休假方式，不是嗎？

龔主任：可是，這是學校歷年的慣例。

陳校長：學校過去的慣例，也不可以超越規定。學校哪來這麼多的慣例？

龔主任：校長，馬主任是一位不可以得罪的人。

林祕書：學校的人事法規不可以因人設事，還是要依法行政，

　　　　　建議人事室在請假單上標示相關的規定。

龔主任：那，馬主任會來人事室拍桌子，把我們鬧得雞犬不
　　　　寧。

林祕書：法律會因爲人大鬧而轉彎嗎？

陳校長：本假單退回人事室再議，請人事室在公文上標示相關
　　　　規定。

龔主任：是！校長。

　　　　陳校長將馬主任請假的公文退回人事室，人事室在上面標示
「本案請附上公假函，或是以事假或休假方式辦理。」公文後來照
會馬主任之後，馬主任將請假單撤回，只請了二週的休假回澳洲的
家。據說，馬主任並未到人事室表示任何意見，連人事室的人員都
覺得，馬主任的改變和以往相比，真的不可思議。

行政議題

▲ ▲ ▲

一、學校行政工作需要依法行事

　　學校行政事務應該要依法行事，不可以因爲單位性質不同、人員
不同，而有不同的作法。學校行諸多年的慣例，並不代表此種慣例是
正確的、被認可的作法。本案例中，馬主任因爲擔任行政主管，每年
暑假都會請公假回澳洲的家探親，探親是屬於私人事情，請假時需要
採用「事假」或「休假」方式，而不是請公假方式。

二、學校慣例不宜超越法律規定

　　本案例中的假期出國回到澳洲的家，依據相關的規定需要請事假
或休假方式，而且要向服務單位報備，學校主管准假之後才能回澳洲

的家。學校人事室龔主任向校長表示，馬主任暑假回澳洲的家用公假方式，這是學校以往的慣例。然而，學校單位的慣例不應該超越人事法規，否則將來如果馬主任的請假事宜導致有任何後遺症，相關承辦人員都需要負起法律責任。

三、避免因為學校慣例觸犯法規

任何學校單位行政服務工作，難免會有各種學校慣例存在。行政人員應該要在自己擔任的工作職責與範圍之內，釐清這些學校慣例是否與相關的規定牴觸。如果有的話，就應該研究學校慣例與法規方面如何取得平衡點，以避免因為學校慣例使得學校人員觸法，或行政人員被處分，例如：擔任學校行政主管，在假期中要出國的話，必須依據相關人事法規辦理。但如學校教育人員的兒女教育補助費用，有需要的話可以先向學校「預支」的慣例，就屬於可採用的學校慣例。

你可以精進
▲ ▲ ▲ ▲ ▲

一、學校慣例的處理與因應策略

初次擔任學校單位的行政服務工作，需要花一點時間了解學校存在哪些慣例，以及這些慣例與行政法規有無違背或牴觸之處。如果學校慣例與法規相互牴觸的話，就需要立即處理；如果學校慣例與法規無牴觸的話，可以考慮保留；如果學校慣例與法規之間模稜兩可的話，則選擇依法辦理。

二、學校行政規定不可因人設事

從事學校行政服務工作，難免會有學校慣例或行諸多年的內規，當行政人員修正或改變學校慣例時，難免會有來自「利益既得者」的反彈或抗議。因此，從事行政服務工作遇到不合理的學校慣例時，在

修改或調整過程時，需要透過相關處室的溝通協調，才不至於需要面對單方面的抗爭。本案例中的馬主任請公假事宜，由於請假方式與人事請假法規相牴觸，人事室主管礙於馬主任會吵會鬧的過去經驗，不敢表示意見而給予縱容。在經過校長退回請假單，請人事室單位標示意見，並且請假單照會馬主任之後，不僅完成修改學校的慣例，並且讓馬主任改變請假方式。

三、學校行政辦理原則為法理情

　　學校行政服務工作，難免會有法規無法規範之處。當法規無法面面俱到之處，學校慣例就會成為行政重要流程。學校慣例對行政有其正負面之影響，因此，辦理行政服務工作，需要依據「法為首、理為先、情為次」的原則。意思是說，行政服務工作的依循標準，要以相關的法規為主要的標準，其次，再依據道理的原則，人情世故則要放在最後處理。資深的行政人員會警惕新手人員，行政服務以法為主要的標準，在處理策略方面以理為主要的準則，在溝通方面以情為主要的依據。行政人員在必要的時刻，要明白表示學校的哪些慣例有違行政法規，需要調整或修改。

四、學校慣例的處理模式與實踐

　　學校行政業務面對慣例時，行政人員可以考慮採用下列模式，處理（或修正）學校慣例的內容：

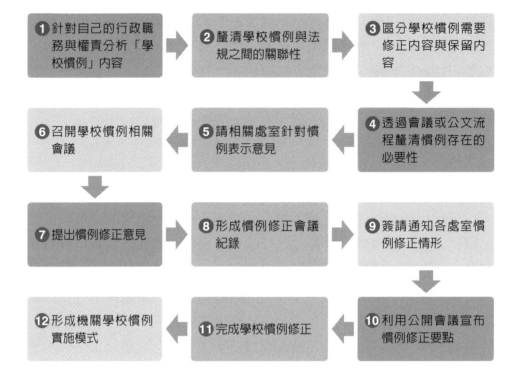

3-2　書信的力量有多大

寫信給省主席

1988 年 4 月 16 日偏鄉小學的某一間教室社會課

　　林老師在上小學社會課，課程主題：寫信給長輩。林老師做了各種課前的準備，包括每一位學生準備一個信封、信紙，上課講解用的海報，以及示範用的信件放大印刷等。

　　在展開「寫信給長輩」議題之前，林老師先講解寫信的標準格式、內容、用字遣詞等，讓學生對於書信往來有基本的認識。這個班級的學生，從一年級到四年級都沒有學過「寫信」的相關課程。因此，林老師需要花費很大的心力做課前的講解，以充實學生的先備經驗。

　　林老師利用一節課的時間，讓學生了解寫信的意義、寫信的格式內容、寫信的稱呼、寫信的功用等等。為了讓學生有一個實際的經驗，林老師在第二節課，讓學生練習實際寫信。在寫信前，林老師讓學生討論，希望寫信給哪一位長輩、信件的內容要寫些什麼等，學生討論得相當熱烈，每一位學生都針對自己的想法發表寫信的高見。

　　經過學生熱烈的討論之後，他們決定寫信給「省主席」，這是一個好的點子，可是信件內容要寫些什麼？林老師引導學生進行討論。學生的結論是「我們可不可以寫信給省主席，告訴省主席說我們學校圖書館的書很少，真是可憐。」林老師說這個點子很不錯，但是「真是可憐」就不要寫了，因為大家都一樣，圖書館的藏書都不足。

　　林老師為了讓學生有好的學習典範，幫學生擬了一封文情並茂的信件，公布在黑板上面，請學生依樣畫葫蘆照抄，哪一位學生寫得「最用心」，就採用這一位用心學生寫的信件，將這一封信寄出去。當林老師公布樣本之後，班級每一位學生都很認真的抄寫信件。

接下來，要用什麼方式選出最用心的信件？林老師在教室外面的走廊張貼了 50 個透明文件夾，請學生將自己的信件放進去，給每一位學生 5 個自黏性小標籤，由學生自己決定班上哪一個寫得最用心，就在作品上貼上一個標籤。最後，作品上標籤最多的，代表班上同學將信件寄出去。

大家遴選的結果，選上的是班上患有小兒麻痺的美麗，她很用心的一筆一畫慢慢的抄寫，花了好多的時間才抄寫完。林老師稱讚班上學生的審美眼光，同時鼓勵美麗的用心，在信件下方寫上美麗用心的過程。

林老師帶著全班和美麗的信件，到街上設有郵筒的地方，講解寄信的方法與方式，讓學生了解郵筒有紅有綠，紅的有二個投遞口，一個是限時專送，一個是航空信件；綠的有二個投遞口，一個是本地信件，一個是外埠信件。林老師請美麗代表全班，將信件投進綠色外埠投遞口。

信件寄出二週以後，省主席並未到學校來，派了省主席祕書帶來了主席的親筆信件，還有一張充實學校圖書設備的 150 萬元支票，祕書轉達了省主席的感謝之意，以及希望小朋友擁有好的圖書設備之心意。

沒想到，一封信件為學校帶來經費補助，以及充實圖書設備的契機。林老師用了一封信件，以及 3 元的郵票，為偏鄉學校換來 150 萬元的補助款。學校陳校長為了獎勵這一班學生的創意，建議將這 150 萬元的圖書設備費用，讓這個班級的師生來決定買哪些書。林老師又有新的想法，和班級學生商量為班級「命名」，用班級名稱刻一個印章，在購買的圖書蝴蝶頁上面蓋班級的名稱章，作為永久的紀念。

教育需要的是創意，不是太多的酸言酸語。酸言酸語對學校的發展沒有幫助，只會幫學校帶來更多的傷害。只有透過創意，才會為學校帶來更多的生機，帶來更多的豐富資源。

行政議題

一、學校行政與班級教學需要更緊密結合

學校行政工作與班級教學工作，應該依據職責內涵做更為緊密的結合，才能提供教師教學上更積極正面的協助，教師才能配合行政運作發揮影響力。本案例的班級教學，林老師在小學社會課程中，配合寫信給長輩的主題課程教學，設計實務的課程讓學生有寫信的經驗，並且經過學生的討論方式，提出寫信的對象、內容，並在教學中收到更豐富的成效。

二、校務發展需要更多創意的活動設計

各級學校的校務發展，不僅僅是行政人員的責任，同時也是擔任教學教師的義務。行政人員在平時，應該讓教師對行政工作的執行，有一些粗淺的認識，有助於教師將學校發展與班級教學做議題上的連結。本案例中的社會科教學，林老師讓學生討論寫信的主要內容，讓學生對於學校的行政運作有一些認識，並且提出可行的建議，透過寫信給省主席的方式，表達學生對學校發展的意見，並且進而收到意外的效果。

三、行政的視野有多高服務就會有多遠

俗諺：「行政人員的視野有多高，服務工作的廣度就會有多遠。」意思是說，擔任行政服務工作，對於學校的發展與各機關之間的聯繫，需要有更多的合作理想，以及關係方面的建立。偏鄉地區的學校發展受限於經費與人員的問題，無法和一般的市區學校相比擬，需要行政人員更多創意的思考，為偏鄉學校帶來更豐富的資源挹注。

你可以精進

▲ ▲ ▲ ▲ ▲

一、班級教學與學校行政相互結合

上述案例，偏鄉學校的林老師，利用社會課的主題教學，將學校設備現況與上級機關做專業上的連結，透過學生寫信給長輩的議題，指導學生在書信撰寫方面的學習，同時也讓班級每一位學生，都可以細膩觀察學校的發展情形，了解學校的現況與困境；此外，在寫信給長輩時，可以婉轉且具體的陳述自己想要表達的意思。

二、班級教學需要給學生更多的關懷

學校的班級教學，需要教師給予學生更多的鼓勵，提供學生更多實作的經驗，同時也讓學生有審美的概念，以及欣賞他人的情懷。案例中的林老師，在讓學生有實際的寫信經驗之後，透過鑑賞的方式讓學生挑選「最用心」的作品，而不是最好的作品。此種作法，不但給學生一個審美的機會，同時也是教育學生欣賞他人的機會。另外，林老師就選出來的作品，將班上學生美麗的努力過程在信件的下方敘寫出來，具有相當的感性作用。

三、行政服務需要更多的鼓勵情懷

上述的案例，是一個典型的不同單位人員相互鼓勵的優質範例。班級林老師鼓勵美麗的用心積極，省主席鼓勵這一所學校師生的用心，學校校長鼓勵林老師的創意，林老師鼓勵學生的用心。透過一個事件的形成，不同單位不同機關人員，給了學校師生與行政人員積極正向的鼓勵。

3-3 人情世故都需要兼顧

課間活動常來的地方：終有一天等到您

　　黃校長任期屆滿，調離服務的學校，即將到另一所學校服務。臨行前，特別請總務林主任開車載他繞市區一圈，回首8年前來校服務的情景，往事歷歷如在眼前。想當初，剛考上校長，滿懷著教育理想，到市區學校來服務，如今一眨眼，8年過去了。

　　當車子經過市立殯儀館時，黃校長有感而發，和林主任一同感嘆這裡是他們這8年來課間活動常來的地方，他們在這裡面對各種離別場合，送走親愛的同仁和家屬。

．．

黃校長：唉！時間過得很快，一眨眼8年過去了！真是歲月不
　　　　饒人！

林主任：對呀！祝福校長未來的任期事事順利、校運昌隆！

黃校長：林主任！還記得這兒是我們課間活動最常來的地方
　　　　嗎？

林主任：是呀！我們在這兒送走38位同仁好友！

黃校長：我們在這兒送走前任的陸校長、學校資深的郭老師、
　　　　師鐸獎的蔡老師、年輕的柳老師、喜歡留光頭的楊老
　　　　師、還有……

林主任：真的！這幾年來的變化真是大呀！

黃校長：生老病死、悲歡離合，是人生需要學習的課題。

林主任：是的！每次來這兒，感受特別深刻！

黃校長：這些年，感謝您在總務方面的鼎力相助，讓我可以安
　　　　全下莊！

林主任：其實是我要感謝校長的提拔，讓我有機會歷練總務工

作，提升自己的行政能力。

黃校長：我們從事教育工作，重點在於服務，讓每一位同仁可
以放心在教學崗位上、提供學生優質的學習環境，讓
家長放心將孩子交給我們。

林主任：是的！跟著校長學習，真是一件開心的事。

黃校長：林主任！就此別過，後會有期。

林主任：謝謝校長！後會有期。

行政議題

一、行政服務離不開人情世故

學校行政服務工作，所囊括的範圍相當廣，包括學校人員的權利
義務，各種生命、生涯遭遇的問題，都是行政服務的範疇。例如：學
校人員的生老病死、悲歡離合等生活議題，需要行政人員提供各種服
務，所以，行政服務離不開各種人情世故。人情世故的服務，和學校
行政服務是有差別的，也需要行政人員給予更多的關懷。

二、同樣的服務、別樣的情懷

學校行政服務工作，除了提供工作上的服務之外，同事之間的
各種生活議題也是服務的範圍。例如：案例中的學校校長，在任期八
年之內可能面臨同仁自己或家人的各種婚喪喜慶，需要單位主管出席
給予祝福，或是出席公祭等等。這些並沒有規範在行政服務的範圍之
內，而校長與主管仍需要出席相關的場合。

三、在行政服務歷程中加入人性的關懷

俗諺：「殯儀館是化解恩怨情仇最理想的地方，到了這兒皆可以
一祭泯千仇。」意思是說，殯儀館是人生最後的一站，更是需要單位

主管付出關懷最多的地方，有不少的私人恩怨到這兒都可以化解。因此，學校行政領導與服務人員，在與學校有關係人員的各種婚喪喜慶時，都需要撥空出席以表達個人或機關的關懷之意。

你可以精進

一、建立適合的婚喪喜慶之模式

學校單位的婚喪喜慶，並沒有可以依循的標準和模式，每一個單位的作法不同，實施的內容有就不同。當然，機關首長對於單位以內的人員，以及相關單位的人員，實際上的作法也有所不同。此外，個人在婚喪喜慶的處理時，也會因為交情的差異而在作法上會有所不同。例如：學校同事本身的婚喪喜慶儀式，在送禮時就會依據不同的熟識程度、不同的交情而有所差異。因此，在行政服務方面，建立一個適合的婚喪喜慶模式，讓大家有參考的標準，對於行政的運作會比較順暢。例如：同仁結婚禮金約包多少，同仁生產之喜禮金包多少，同仁喪事奠儀包多少等。

二、建立婚喪喜慶的參考檔案

學校單位的婚喪喜慶，既然沒有固定的標準和模式，行政服務人員建立一個參考檔案，就顯現出其重要性。建立參考檔案，主要是將全校人員的相關資料建成行政服務的檔案，這些檔案的內容包括出生年月日、家人生日、家屬動態等，透過參考檔案的建立，可以提供行政人員隨時提取之用。有了這些檔案的建立，可以提供校長、處室主任在處理人際關係時之用。例如：有一所學校的校長很在乎學校同仁的家庭生活，在某一位教師父親 80 大壽時，特別親自帶著禮物到該位教師府上祝賀，就是透過參考檔案掌握該位教師父親的生日時刻。

三、行政服務不僅僅是業務的執行

行政服務工作的執行，不僅僅是文書報表的編製、例行公事的處理，同時更需要來自人員的各式各樣關懷。在行政業務服務的同時，需要考慮被服務人員在各種生活上的關懷與服務。例如：當學校同仁有喜事時，學校行政單位如何發布「喜訊」，將喜事訊息傳達給全校同仁；當同仁生病住院時，如何將此訊息傳給全校同仁，讓同仁可以依據不同交情，選擇到醫院探病問好。行政服務的執行是例行公事，而人際關懷的傳達則是附加的價值。

3-4　不同角度不同思維

有此一說：想知道什麼是好老師

校長的定義：教學認真、負責、不遲到、不早退、不敷衍塞責，願意擔任行政服務工作的，就是好老師。

教務主任的定義：準時上下課，不耽誤行政工作，和同事相處融洽，將家長處理好，就是好老師。

學務主任的定義：管理好學生，學生平安不出事，準時交報表，上課常規好，就是好老師。

總務主任的定義：準時交各種費用，教室的設備維修少，學生的常規管理好，不要老是搞破壞的，就是好老師。

輔導主任：將學生的心理工作管理好，不要老是將學生往輔導室送，將班級經營與一級輔導工作做好，就是好老師。

駐區督學的定義：只要家長不告到教育局來，民意代表不會隨便叫我去罰站的，就是好老師。

教育行政單位長官的定義：不犯規、不體罰學生、不辱罵長官、不貪汙、不出意外狀況的，就是好老師。

家長的定義：讓家長放心、學生喜歡讀書，孩子的學習成績好，不隨便要求學生交一堆莫名的費用，就是好老師。

學生的定義：上課不要老是準時到，可以讓我們有一些聊天的機會，考試少、幽默、風趣，讓我們學習分數高的，就是好老師。

行政人員的定義：準時繳交各種報表，願意配合行政工作，不要老是找行政人員的麻煩，不經常唱反調的，就是好老師。

服務員（工友）的定義：上下班準時、不耽誤我的休息時間，教室的燈準時關、水龍頭拴緊、不增加我工作負擔的，就是好老師。

行政議題

一、行政服務工作應降低教師的負荷量

　　學校單位的行政服務工作，應該將各種例行公事，以及行政需要的文書報表，做各種效率上的整合，避免因為行政工作增加過多教師教學以外的負擔。行政工作是支援教師的教學，在行政各種流程方面，應該站在教師的角度，思考如何避免過多的流程耽誤教師的教學工作。

二、不同的崗位、不同的思考、不同的策略

　　俗諺：「十個岳母九個疼女婿，十個婆婆九個厭媳婦。」此種情懷運用在行政服務工作上，還蠻適合的。行政服務人員在執行業務時，應該要有「換位思考」的情懷，提供適時適性的服務。在不同的行政崗位上，依據業務性質提供不同的服務，運用不同的方法策略。

三、行政服務支援教學、支持教師教學

　　一般而言，行政服務工作主要目的在於支援教師班級教學。擔任行政服務工作時，應該主動了解教師教學上的需要，幫助教師克服各種教學困境，以及影響教學的外在因素，提供教師溫暖安全的教學環境。如果各界對於教師的教學形象有所誤解或苛求時，行政單位也應該替教師解除各種疑慮，讓教師可以在班級教學中順暢無阻。

你可以精進

▲　▲　▲　▲　▲

一、協助教師建立專業的教學形象

在學校單位服務時，有機會兼任行政工作，應該幫教師建立教學專業的形象，讓學校教師了解專業形象的意義，讓家長了解教師形象的重要性，讓社區各界熟悉教師的專業形象。因此，透過行政服務的宣導機會，替教師的專業形象進行適度的行銷，對於學校發展與教師成長具有正面積極的意義。

二、教學工作與行政業務相互扶持

教師擔任行政服務工作，與班級教學活動的實施，在時間運用與行政服務方面，難免會有需要抉擇與選擇的時刻。教師可以在教學工作與行政工作方面，做各種的調合與調整，避免因為行政工作而影響本身的教學工作。依據相關的調查研究，學校單位教師不願意承接行政工作，主要原因在於行政工作容易影響教學品質。此外，行政人員應該經常鼓勵教師，提供教師「好老師」的形象訊息，讓教師可以在學校服務期間掌握好老師的定義，讓各界對教師有更好的評價，給予教師更好的鼓勵。

三、專業形象的反思與實踐意義

上述案例中，好老師的定義，於不同角度、不同層次、不同人員，會依據自己的經驗而有不同的評論。有關行政服務人員與好老師的外在評價，除了提供當事人反思的機會，也應該提醒當事人反思的標準，以及外界對於「好壞高低」的評論內容與評價的指標，讓教師與行政人員有反思實踐的機會。

3-5 面對倚老賣老文化

全校都是你學長之倚老賣老文化

　　永福國小（化名）是市裡面最大的小學，同時也是中心學校，是一所兵家必爭之地的學校，不僅學區家長社經地位高，學生的程度相當優異，就連學校對外的各項比賽，金牌、銀盃也閃爍耀眼。

　　新學期新到任的孫校長，是一位相當年輕有為的新秀，據傳是當期校長中第一名結業的學員，借調教育局期間，受到局裡面長官的高度評價，同時也受校長遴選委員的青睞，直接選派到重點學校擔任校長。

　　新學期、新校長、新氣象，孫校長就任當天，簡直冠蓋雲集、賀客盈門，光是中央官員、地方民意代表、教育局長官、社區仕紳、學區家長就幾乎將禮堂擠爆。果然，英雄出少年，年輕擔任校長氣勢就不一樣，孫校長發表演說時，臉不紅、氣不粗，用字遣詞相當精準，將教育理想透過語言細膩地表達出來，贏得賀客的熱烈掌聲。

　　典禮結束之後，孫校長立即進入狀況，邁入校長室展開校長生涯。

　　校長室也擠滿了學校教師（尤其是資深教師），這些教師紛紛上前向校長致上賀意。

．．．

黃老師：校長好，歡迎您到學校服務，未來請多給予指導，我是師專 68 級。

孫校長：黃老師您好，感謝您的支持，我是師專 76 級。

鄭老師：歡迎孫校長來當領導，無上的光彩，我是師專 70 級，請指教。

陳老師：校長好，我是您的大學長啦！師專 67 級，畢業之後
　　　　一直留在永福服務到今天，應該是學校最老的教師
　　　　了！呵呵呵！

洪老師：不簡單哦！師專 76 級都已經當校長了！果然是英雄
　　　　出少年哦！年輕一定有為，資深一定優良！我是師專
　　　　66 級，學校這邊的大老！身兼教師會會長，請校長
　　　　多「牽教」哦！

孫校長：各位老師好，各位學長好，很榮幸和大家一起在學校
　　　　服務，在未來的服務期間，希望各位學長隨時給予鞭
　　　　策，如果有服務不佳的地方，也請學長多加包涵。學
　　　　校是大家的，不是我個人的，大家在同一條船上，希
　　　　望可以榮譽與共，共存共榮。如果校長我有缺失的地
　　　　方，私下讓我知道；如果大家有需要調整的地方，我
　　　　也私下和各位學長討論。

陳老師：校長！我們一定會在您的領導之下，為學校創造新的
　　　　一頁。

　　　散會之後，這些學校大老們議論紛紛，這個校長雖然年輕，
不簡單哦！我們應該摒除己見，配合校長的理念，一起為學校開創
新頁。

行政議題

▲ ▲ ▲ ▲

一、面對學校大老與老大的氛圍

　　傳統的師範教育，素來有學長、學姊的風氣，指的是在師資培育階段，由於學校重視良好學習氛圍的養成，要求師資培育準教師在學習階段要尊重在學的學長、學姊，以利養成「敬老尊賢」的習慣。因此，在中小學教學階段，有所謂學長、學姊、師專 72 級（指的是民國 72 年從師專畢業的教師）之稱呼。上述的習性，一直延續到中小學服務時，教師們為了表示對資深教師的尊重，還會有學長姊及學弟妹之稱。

二、敬老尊賢不宜影響行政服務

　　學校單位的行政領導，或是行政服務工作，主要在於提供同仁更豐富多元的服務，透過行政服務讓學校教育發展得更好。學校單位人員如果存在敬老尊賢的傳統，對學校發展是一件好事，但如果敬老尊賢過度膨脹而影響學校發展，就不是一件好事。例如：上述的案例，新任的孫校長到永福國小擔任領導，面對的是比自己還資深的教師，每一位資深教師仗著自己是校長師專學長，對校長冷嘲熱諷的現象，對學校未來的發展具有負面的影響。

三、身為大學長避免倚老賣老之姿

　　如果自己在服務的學校單位，年資比校長或其他教師更久，則應該以前輩之姿提攜新進（或資淺教師），不宜在工作業務上倚老賣老，對後輩的行政工作批評指責，或是指指點點影響行政服務工作。服務年資比較淺的人員，對於學校資深的同仁，也應該給予適度的尊重，透過三要（臉要笑、嘴要甜、腰要低）的方式，化解因為年資不同而存在的差異問題。

你可以精進
▲ ▲ ▲ ▲ ▲

一、秉持大手牽小手相互提攜的情懷

　　學校機關存在的學長、學姊、資深教師制度，如果影響行政服務工作的執行，對於學校教育發展不是好事，需要行政人員透過智慧的手法給予化解。如果身為學校資深人員，建議避免「倚老賣老」的心情，給予年輕人更多的發展空間，在有需要的時刻提供專業建議即可。

二、面對倚老賣老以化解局勢之策略

　　俗諺：「請教是最好的化解之道，論辯則帶來更複雜的問題。」意思是說，在面對學校人員有不同意見或衝突時，比較理想的策略是透過「請教方式」，才能化解彼此之間的歧見；如果一味地為政策辯解的話，就容易帶來更多的問題。擔任行政服務工作，很多時候問題不在於行政工作，而在於人員的意見多元。

三、運用各種宣示與溝通化解輩分障礙

　　新到各種學校服務單位，難免遇到各種資深人員，這些資深人員由於在單位時間長久，已經形成一種牢不可破的組織氣氛。如果新進人員想要在短時間就化解此種長久以來的氛圍，是一件耗時費力的工程。案例中的孫校長在新就任當天，當著學長的面「宣示」自己的工作，以及未來相處之道，有利於化解「我是學長、你是學弟」的尷尬束縛。

3-6 前後任心結的處理

離開心更寬之前後任的心結

幾位老同事餐敘的場面上,學校過去的同事向卸任的校長不斷地訴說新任校長的鴨霸,編排新來校長的各種是是非非,搞得卸任校長相當的不開心。

黃主任:校長!真是懷念您在的日子,不但學校進步神速,在外面的聲名大噪,我們的努力受到社區民眾及家長們的大力肯定,學校威名遠播,全國四面八方都知道我們學校的大名。這個校長來之後就不一樣了,這裡改、那裡調、這裡敲、那裡打,搞得大家整日惶恐不安!

郭組長:就是嘛!以前我們好不容易定下來的制度,一夕之間都不一樣了,這個校長看這個不順眼,看那個不如意,把我們的制度東改西改,改到天涯海角去了,我們都不知道明天之後,學校的校門口會朝向哪一邊了?

陳老師:我們當老師的更慘,每天都要寫「教學省思錄」反省自己的教學有什麼問題、自己如何處理這些問題,我們自己都成為「問題教師」了,沒有問題也要硬辦一些問題出來,真的是「有問題找問題」、「沒問題製造問題」、「製造問題處理問題」,我們都成為「問題製造機」、「問題生產線」了。

駐校藝術家:就是呀!新校長不懂藝術卻裝內行,才到學校就嫌這嫌那的,我們以前好不容易完成的校園裝置藝

術，以三反五反的方式，要求我們拆掉重置，好不容
易有一個太平歲月，現在還要重起爐灶！

出納錢小姐：我們出納快活不下去了，大家都想跳樓以示清白
了！以前辦活動都是承辦人員自己先墊錢，辦完活動
之後結帳！現在不是，新校長要求我們要準時給鐘點
費，任何一筆都不可以延誤，我們從早忙到晚，昨天
帶來的二個便當都忙到沒吃，我的天呀！

服務員老張：這個殺千刀的新校長，真沒人性！才到學校不滿
三天，就要我們將「服務員」的名稱改回「工友」，
要求我們每天都要除草，還三不五時要清水溝，說什
麼避免登革熱、滋生蚊子等等，簡直以「操死我們」
為樂。還是校長您比較好，只要我們將工作完成就
好！校長，想念您呀！

卸任劉校長：感謝大家啦！我也懷念以前大家相安無事的日
子，我到新學校之後，和您們的處境差不多啦！處室
主任這裡要求那裡不滿，學校老師東一句改革西一句
改變，同仁每天都有新花樣，搞得我頭昏眼花、夜夜
失眠，每天都提心吊膽、夜夜驚魂的！想念您們、想
念大家了。

行政議題

▲ ▲ ▲ ▲

一、前後任的心結問題何在

　　機關學校前後任的心結，主要是每一位領導者的想法不一樣，對於學校發展和學校願景有不同的理念和規劃。當前後任的願景不一樣時，就會存在心結的問題。此外，學校同仁會習慣每一位校長的領導風格，等日子久了就容易成為模式，或是衍生一種「被領導模式」的心態，將各種習性或習慣視為「理所當然」。當學校換了校長之後，新校長有新的想法、新的改革方案，與原來校長差異甚大時，就會產生「不習慣」、「不自然」等等的排斥心理，此即為前後任的心結問題。

二、面對前後任的心結問題

　　新到一所學校服務時，應該要透過各種機會，了解這一所學校的文化、平時運作的模式、學校人員的種種，作為行政領導與行政服務的參考。如果是新人的話，應該以委婉的態度向原來的主管請教，透過經驗分享與傳承的方式，了解這一所學校的生態，作為後續領導的參考；如果是卸任主管的話，建議放空之後離去，儘量避免不必要的「隔空指導」或「比手劃腳」，將自己的經驗與新人做簡單扼要的指導，並且在未來的歲月中減少不必要的評論。

三、改革三部曲：觀賞、微調、改變

　　新機關、新單位展開新的改革方案，是單位主管到任的要項。然而，在推展改革前，應該要先了解學校的文化及目前的各種生態，作為推動改革的基礎。如果貿然推動改革的話，容易因為和學校正在推行的政策有所出入，而導致學校人員的消極抵制，形成改革失敗的現象。在推動改革時，宜採取「觀察」、「欣賞」、「調整」策略，以

漸進的方式展開改革。

四、有些話不好當面告訴您

　　一般而言，學校的前後任心結主要來源包括現任、卸任、同仁、同儕、旁人的評論而來。本案例由於老同事餐敘的場合，學校同仁對於新任校長推動改革而導致不安，將一股腦兒的不滿，全部向原校長傾訴而產生。此種前後任的心結，如果沒有適時地化解，就容易導致後續彼此的心結，影響學校的正常運作，耽擱學校的改革時程。

你可以精進
▲　▲　▲　▲　▲

一、避免成為前後任心結的始作俑者

　　擔任行政服務工作，可以成就他人，也可以成就自己。當一個階段結束之後，離開原先服務的單位，就要避免來個「回馬槍」、「隔空指導」的現象，以免形成新任人員的困擾。當原來的同仁以崇拜自己的情懷，表達對新任的不滿時，也應該適時地化解此種尷尬，引導原來的同仁慢慢修正行政服務工作，習慣新任主管的領導風格。

二、採取離開心更寬的行政服務情懷

　　每一位學校主管都有任期制，以校長為例，一任四年，二任八年，任期滿之後就需要調離單位，換另一所學校服務。離任校長對原學校的情感，容易導致新任校長在領導上的困擾。由於不同的校長，對校務發展有不同的想法，對學校運作有不同的理念，在接任與卸任的同時，新舊校長應該利用時間，進行校務工作的經驗分享，化解前後任的心結問題，以免影響學校的發展。

三、從習慣與不習慣談面對前後任心結

讀過〈陋室銘〉這一篇文章，都會知道人是習慣的動物，當習慣一種現象之後，久了就會不習慣另一種現象；當習慣另一種現象之後，久了就會不習慣原來的現象。學校行政服務和上述的現象是一樣的，如果學校人員習慣現任校長的領導風格，換校長之後，對新校長的領導風格就會因為前後任的差異而產生不習慣的現象。擔任學校領導人員，儘量避免產生「前任的堅持，後任的辛苦」現象，由於自己的領導風格，導致接任校長的困擾。

四、透過策略方法運用化解前後任心結

當學校校長任期屆滿時，在交接過程中應該要考慮前後任心結的問題，透過有效的方法化解，降低對學校發展的負面影響。例如：「新來的校長是我的學弟，他的到任是延續我個人的理念，請大家務必支持新任校長。」「新任校長是我的摯友，他的作法就是我的作法，請大家給予最大的支持。」「新校長提出的改革構想，是延續我的校務理念。」等。

四
行政服務

4-1　把簽呈送上來

校長究竟是什麼意思

林老師：師傅！我在這一所學校服務多年，校長來的時候，要求我擔任行政工作，我也樂於配合沒有拒絕，今天我向校長報告，想要到附近的大學進修碩士學位，校長竟然要求我「把簽呈送上來」。什麼意思？簡直是刁難到家了。

師　傅：不會呀！你這麼努力，校長怎麼會刁難你呢？

林老師：就是呀！我只不過向校長報告想要到研究所進修的意願，校長連想都不想，就教我把簽呈送上來？什麼東西嘛！

師　傅：你弄錯了，你們校長這是爲了你好，同時也是保護你才對。

林老師：一天到晚找我的麻煩，怎會是爲了我好？我到研究所進修是好事，既然是好事，校長應該要樂觀其成才對，還要我寫什麼簽呈，不是找我麻煩，什麼才是找麻煩？

師　傅：校長請你寫簽呈上去，主要是希望你到研究所進修，有一個報備機制，這樣對你才會有所保障，你才可以用公假方式去進修。

林老師：是這樣嗎？

師　傅：你們校長眞的對你很好，你還抱怨？

林老師：那，什麼是簽呈呀？我做了這麼多年的行政工作，怎麼沒聽過？我要去研究所進修，爲什麼還要寫簽呈？

師　傅：簽呈是學校單位內部的正式文件，有了簽呈未來的

工作就有一個依據，不會變成空口說白話。你要去
研究所進修，需要機關同意，然後給你公假或事假
方式去進修，將來校長調他校時，你的進修有簽呈
就不會有糾紛。

林老師：原來是這樣，我們校長真的對我很好，我誤解他了。
那，我的進修簽呈要怎麼寫？

師　　傅：問問看學校有沒有其他老師在進修中，有沒有簽呈
可以讓你參考。

林老師：感謝師傅，叩謝師傅。

師　　傅：少來了。

行政議題

一、簽的主要意義

　　一般而言，學校行政單位在辦理行政事務時，會透過各種公文書信的方式轉達各種意見，或是陳述各種意見，就會用到「簽」的形式。簽是學校單位內部溝通時使用的文書，是屬於下對上的「上行文」，主要是承辦人員在負責行政業務時，對於承辦的事件需要陳述、請求、建議、請示時使用，透過簽的方式讓機關首長（或主管）了解業務性質，並且作為決策的參考。

二、簽的內容結構

　　學校機關的簽，在內容結構方面，包括「主旨、說明、擬辦」三個主要的部分：(1) 主旨：主要在於說明業務的性質和內容，一般而言以 50-60 個字完成為原則，儘量避免不必要的贅詞，透過主旨簡要敘述業務目的以及擬辦原則；(2) 說明：內容在於分項說明業務來源、

經過、法規案情、處理方法等方面的分析；(3) 擬辦：主要在於提出相關業務具體處理意見，或是採用的可行方案，讓機關首長或主管作為決定的參考。

三、簽的主要用語方式

簽的主要用語，通常包括「稱謂語、開頭語、期望語、結束語」等幾項：(1) 稱謂語：給單位主管稱之為「鈞長」，自稱為「職」；(2) 開頭語：指的是簽一開始的用詞，包括「有關、有關於、檢陳、敬陳」等：(3) 期望語：指的是本案陳請單位主管決定的意思，包括「鑑核、核示、鈞閱、鈞參、卓參」等；(4) 結束語：指的是簽的結束用語，包括「敬呈（簽給總統時用）、謹陳、敬陳、此致」等。

你可以精進

▲ ▲ ▲ ▲ ▲

一、教師想到研究所進修的簽內容

簽

主旨：檢陳職林○○為增進本職學能、精進專業能力，擬報名臺南大學課程與教學研究所在職碩士班考試乙案，簽請鈞長鑑核。

說明：1.職至本校服務屆滿 10 年，有感於專業能力提升的重要性，因而擬報名研究所碩士進修班，以提升本職學能。

2.如倖獲錄取，在不影響課務情況之下，前往研究所進修碩士學位。

擬辦：有關職至研究所進修方式，擬以「公假在職進修方式」前往就讀。

敬會

人事室　　　　會計室　　　　學務處　　　　教務處

謹陳　鈞長鑑核

二、在上簽之前宜先協商請示

擔任學校單位行政工作，如果因為業務執行的關係，需要涉及各處室的配合或協商，儘量透過溝通方式取得共識。如有必要時，才以「上簽」的方式讓大家有一個依循的標準。在上簽之前，應該針對業務性質，和各單位人員先進行協商，避免一開始就上簽的方式，才能降低各行政人員的敵意。本案例經驗，林老師在服務的學校中，想要透過公假在職進修方式，到鄰近的大學研究所進修。在上簽之前，林老師應該要先了解「教師在職進修」的法規，並且和學校相關單位人員溝通，例如人事室、會計室、學務處、總務處、教務處等，並且找時間向校長報告，取得這些人的理解之後，才將個人的簽呈上去。

三、簽呈在長官批示之後建立檔案

學校單位的簽呈在各處室表示意見，等待校長批示之後，簽辦人員應該看清楚各處室表示的意見，了解該業務性質主管的裁示，並且將該簽呈建立檔案，以供日後備查之用。例如：上述案例，會計室簽註「學分費補助二分之一」，人事室簽註「如獲鈞長同意，請以公假方式登錄」，校長裁示「如擬」，則表示同意以公假方式前往進修，會計室與人事室的意見一併採用。林老師在收到單位主管裁示的簽之後，需要影印一份給各單位，正式文件則自己留存，作為未來到研究所進修的依據。

4-2　行政效率不只是口號

您們都在忙什麼

林組長：主任好，我是新進人員林○○，今天特別來向您報
　　　　到，同時也是第一天上班，新手上路凡事陌生，請多
　　　　多包涵指導。」

主　任：歡迎林組長到本中心來服務，我們中心有你的加入，
　　　　一定會帶來更多的新氣象，為本中心帶來更多的氣
　　　　息，請大家鼓掌歡迎林組長。

林組長：感謝大家，希望和大家一起工作，請大家多給予指
　　　　導。

主　任：本中心的主要業務是負責全市的中小學教師進修活
　　　　動，包括課程教學設計、講課教授的聘請、專案研
　　　　究計畫的擬定與執行、教材的編製與研發等。

林組長：是的！我了解，希望未來可以結合我個人的專長，和
　　　　大家一起工作，為中小學教師服務。

主　任：林組長！因為教師節快到了，本中心為了對來過
　　　　本中心的教授表達感謝之意，在節日前寄送禮物給
　　　　每一位教授，大家集合在會議室抄寫寄給教授的信
　　　　封，你要不要也一起來幫忙。

林組長：好哇！有機會和大家一起工作是一件好事。

　　　　於是林組長加入抄寫的行列，跟著大家一起抄寫寄給教授禮物
的信封，總共有 985 位教授的信封需要抄寫。林組長初到單位，不
方便說些什麼，只是心想不是強調「行政效率」嗎？怎麼一個培訓
中心做這麼沒效率的工作。只要將去年來過的教授填寫的相關資料
調出來，修改成「電腦標籤檔」不就解決了嗎？

行政議題

一、行政效率應該是行動不是口號

　　行政單位講求效率已經是多年的口號，可是實際的行政服務工作，離效率卻有越來越遠的跡象，主要的原因除了情境因素之外，還有行政人員的觀念改變問題。許多行政人員礙於相關的法規、單位內部的氛圍，以及本身僵化的作法等，一直將簡單的行政工作複雜化，而缺乏對行政業務創新理念的作法，導致行政工作的效率一直無法提升。

二、行政評鑑工作帶來更多的負擔

　　近年來，由於行政工作績效責任的建立，附帶的增加了許多評鑑制度的建立，進而增加行政人員的負擔。在面對各式各樣的評鑑時，需要平時養成蒐集資料、累積資料、創造資料、分析資料、梳理資料的習慣，才能在未來的績效評鑑時取得優異的成績，進而確保來年經費補助的優勢。由於評鑑工作的實施，帶給行政人員更多的業務責任，也給學校單位教師額外的教學負擔。

三、行政工作業務整合應為與難為

　　擔任行政服務工作，由於組織分工、各司其職、本位主義的關係，因而在業務分工與承擔方面，工作與人員分得相當清楚。因此，在行政工作的整合方面導致相當程度的困難，影響行政效率的提升。想要在行政服務方面提升行政運作的效能，就需要打破組織分工的系統，才會有提升行政效率的可能性。本案例中的「您們都在忙什麼」，就是無法提升行政效能的真實案例，因而導致「有活大家忙」、「大家忙活」的混亂現象，既浪費人力，也浪費時間，更浪費資源。

四、行政工作整合的可行與能行

行政工作的整合，雖然有相當程度的難度，但機關首長或主管可以針對機關的業務性質，做橫向與縱向的連貫與聯繫，在年度開始之前舉辦一次座談，請業務人員將負責的業務以「簡報方式」提出來，由主管人員做行政決策，建立一個可行的「整合系統」，以提升行政服務效率。

你可以精進
▲ ▲ ▲ ▲ ▲

一、在繁瑣的業務中擬定執行模式

擔任行政服務工作並不可怕，可怕的是無法將繁瑣的業務精簡，因而提升行政效率無望。行政服務工作的運作，其實有其系統化與模式化可以依循，只要行政服務人員在熟悉自己的業務之後，將各項業務做系統上的整合，就可以在未來的行政服務工作簡化業務並提升行政效能。案例中的培訓單位寄送教授禮品，只要單位主管在年度開始的時候，召開單位人員會議，請各處室進行業務簡報，再針對處室的業務做整合彙整工作，將各處室有關的業務提出來，請資訊人員整合共同性資料，建立資料運用平台，就可以有效處理系統的資料。

二、建立共同性資訊平台的重要性

接續上述論述，寄送教授教師節禮物前，只要將各處室有關教授的資料做整合，例如：教授姓名、通訊地址、聯繫電話、出生年月日、身分證字號等資料，當教授第一次到培訓中心時，利用機會建檔起來，就可以在日後從檔案中提取資料。教師節寄送禮物時，將教授的資料形成「自黏性標籤檔」印出來，就可以節省單位人員的時間和行政上的負擔。

三、選擇說與不說的時機點很重要

　　資深行政人員俗諺：「講與不講都是藝術，有時候不講比講還要難。」意思是說，對於行政有關的業務，有些業務要「大肆張揚」，可有些業務要「守口如瓶」，在講與不講的決定上，是一種行政技術，也是一種行政藝術。如果，您無法決定講或不講，那就要選擇「不講」，以免釀成負面的後遺症。上述案例的林組長，到新任機關屬於「初來乍到」，對於新機關的例行業務，選擇「參與」而「不多嘴」是對的，如果日後機關將這一項任務交給林組長的話，就可以選擇採用新的方式因應，以降低行政方面的業務負擔。

四、行政業務整合的可行模式與實踐

　　想要提升行政效率，相關業務與人員的整合，是決定成敗的主要關鍵。下列的行政業務整合可行模式，可以提供行政服務人員參考：

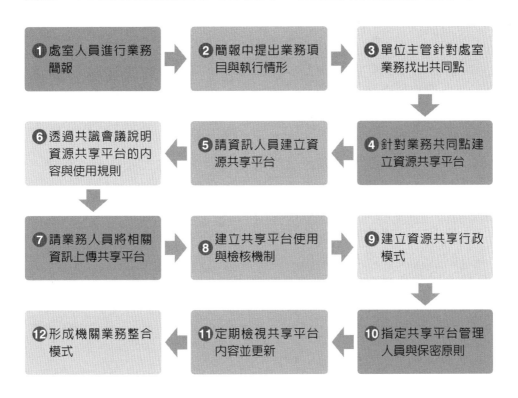

① 處室人員進行業務簡報
② 簡報中提出業務項目與執行情形
③ 單位主管針對處室業務找出共同點
④ 針對業務共同點建立資源共享平台
⑤ 請資訊人員建立資源共享平台
⑥ 透過共識會議說明資源共享平台的內容與使用規則
⑦ 請業務人員將相關資訊上傳共享平台
⑧ 建立共享平台使用與檢核機制
⑨ 建立資源共享行政模式
⑩ 指定共享平台管理人員與保密原則
⑪ 定期檢視共享平台內容並更新
⑫ 形成機關業務整合模式

4-3 行政服務也需要創意

林老師為什麼老是得第一

2021 年 9 月 13 日小學行政會議上的對話

黃校長：教務主任，請問上學年，本校哪一位老師得到教學績
優獎？我們要好好的表揚一下。

教務郭主任：報告校長！上學年是林老師獲得本校最佳教學績
優獎。

黃校長：林老師得獎？我印象中，林老師已經連續好幾年得教
學績優獎了，學校沒有人比他優秀嗎？怎麼都是同一
個人在得獎？

學務鄭主任：報告校長！我們學校的教學績優獎評選是相當
公平公正的，而且委員會包括學校行政人員、教師代
表、家長代表、學生代表、校外公正人士等。

黃校長：這個我知道，我的問題是怎麼會都是同一個人得獎？
林老師有什麼特別的方法？或是特別的績效？

總務孫主任：這個林老師可厲害了！他不但在班級走廊上公布
自己的形象、教育理念、帶班級方法、教學方法、學
習方法，還在適當的地方列一個看板，將每天的班級
生活張貼在上面，還歡迎大家學習。

輔導丁主任：這一招可厲害了，家長每天到教室來，不但可以
透過看板認識林老師，還可以隨時將自己的想法和林
老師溝通，提供最新的教學理念。

洪組長：林老師還有一招更厲害，學生如果有好的表現，他會
讓左鄰右舍、社區大眾都知道學生進步的情形，以及
誰家的孩子又得獎了，誰家的父母最關心孩子的學習

等等。

蕭老師：林老師的作法很接地氣，我們每學年都要定期到他的
　　　　班級觀摩學習，所以林老師得到教學績優獎，是名實
　　　　相符。更重要的是，他的教學每年都在創新，給學生
　　　　不一樣的學習驚喜。

黃校長：我終於明白了，林老師得獎不是僥倖的、不是偶然
　　　　的，而是在專業方面積極努力得來的肯定。

教務郭主任：我覺得很奇怪，林老師可以，我們行政服務為什
　　　　麼不可以？

黃校長：這正是我想講的，林老師在教學方面可以做得到，我
　　　　們在行政服務方面為什麼做不到？

大家齊聲說：校長！只要您一聲令下，我們一定可以做得到。

行政議題

一、行政服務需要向典範學習

　　行政服務工作雖然需要依法行政，然而有些服務的策略與方法，
可以依據單位的不同，採取創新的策略方法。學校的行政服務品質，
很多時候是師生感受的問題，而不是行政服務本身的僵化。擔任學校
行政工作，需要隨時修正實施的方法，隨時採用新的服務策略。本案
例中的行政會議，校長透過林老師經常得獎的討論方式，請行政人員
思考林老師「總是得獎」的主要原因，拋磚引玉讓行政人員思考如何
跟進的問題。

二、從典範案例中擬定精進服務的策略

擔任學校的行政服務工作，需要持續性的精進，才能將服務工作做到接地氣。想要提升行政服務品質，除了需要時時學習成長之外，也應該從學校各個典範案例中，學習其精華與可取之處。本案例中的林老師，在班級教學中於適當的地方將自己的形象招牌、教育理念、班級經營、教學方法、學習方法等，透過形象廣告的方式公告出來，讓家長和學生可以掌握教師的專業形象。學校行政服務方面，可以採用林老師的形式，透過不同的轉化方式為行政服務行銷。

三、在細節處用心就是專業的展現

俗諺：「一件事情做一百遍就是專業，在細節處用心就是行家。」意思是說，任何事情只要恆心就可以達到專業的程度，在每一件事情的細節處用心，你就可以成為行家。擔任行政工作不怕磨，就怕做任何事情不用心。因此，從事學校行政服務工作，需要在細節處多用一些心思，多為他人換位思考，多替當事人著想，就可以提升服務的品質績效。

你可以精進

一、向典範人物學習理念與實踐

擔任學校行政服務工作，除了熟悉行政運作的流程，掌握行政服務的步驟之外，也應該隨時學習與成長，才能提升自身的行政能力，提高各種服務品質效能。本案例中的林老師，能連續多年取得教學績優獎，一定是透過相當多年的經驗學習、典範模擬，將這些典範人物的理念轉化成為自己的教學模式實踐，才能獲此成就。

二、從他人經驗歷程中學習成長

　　行政工作策略與手法，不是與生俱來的能力，而是從學習實踐中成長而來。案例中的林老師，將自己的教育形象、教學理念等公布在教室走廊的適當位置，主要是家長每天來接送孩子，走廊是一個相當明顯的地方；此外，班級學生有好的表現，將優良事蹟公布在學校文化走廊，讓學校每一個人來來回回都可以看到這些優良事蹟，對學生具有正向鼓勵作用；而讓社區人士了解哪一位家長關心孩子的學習，也具有相當的激勵作用。

三、策略與方法更新與交替使用

　　行政服務工作在策略與方法方面，需要經常更新調整，才能讓業務更為精進。想要提升行政服務效能，需要從各種不同層面的典範案例，吸收學習有效的作法，轉化成為行政服務的策略方法。上述案例的林老師展現自己的教學理念與實施的作法，可以作為行政服務的參考。例如：可以在學校文化走廊適當的地方，公布學校各種行政作為；在學校社區活動中心公布學校的各種績效，以及可以提供民眾哪些教育方面的服務；在學生住家周邊適當的地方，貼上學生學期表現優異的榜單等。

4-4 學習運用開關哲學

給我一點點時間

2020 年 10 月 5 日 19：00 家庭夫妻對話

林夫人：怎麼回事，別人擔任主任早早就下班了，你每天回到
　　　　家都 7 點以後，連晚飯都趕不上。

林主任：唉呀！我也沒有辦法，在學校要上課，還有忙不完的
　　　　行政工作，處室的同仁也都 7 點以後才下班。

林夫人：隔壁的黃主任，人家擔任教務工作，每天 5 點就到家
　　　　了，還可以幫忙接送小孩，只有你每天早早出門，晚
　　　　晚才回家。

林主任：行政工作如果要隨便做，我也可以 5 點以前就回家，
　　　　問題是行政是一種服務工作，要給學校同仁優質的服
　　　　務品質。

林夫人：我也在學校當老師，我就想不通行政服務和晚下班有
　　　　什麼關係。

林主任：就拿今天來說，本來要下班了，可是學校的老張來
　　　　處室辦理他父親的喪葬補助手續，我就需要安慰他一
　　　　下，然後立即處理相關手續。

林夫人：這是應該的，人生難免面對各種生死議題，你幫老張
　　　　是應該的。

林主任：所以囉！今天就忙到 7 點以後才下班囉！再給我一點
　　　　點時間，我會慢慢適應的。

林夫人：我說，你擔任行政服務工作，應該要養成「開關哲
　　　　學」的作法。

林主任：開關哲學，不知何意？

林夫人：例如老張的父親往生，你們處室就要主動想到老張需
要辦理哪些申請，主動將文件整理好送去給老張，這
樣時間的掌控權就會在你們處室手上。

林主任：是這樣嗎？

林夫人：對呀！你們主動將文件送給老張，還可以趁機安慰他
一番。這樣，也不會讓老張在下班之後，還到處室來
辦理，影響大家的下班時間。

林主任：對哦！我們處室在行政服務方面，應該要「化被動為
主動」，這樣才不會老是影響下班時間，讓大家心情
都不好。

林夫人：這就是行政服務工作的「開關哲學」。要懂得什麼時
候「開」、什麼時候「關」，才不會在家裡想學校的
事，在學校想家裡的事。

林主任：太有道理了，看來，我還得要向太座好好學習行政服
務方法。

林夫人：別嚼舌根了，吃你的飯啦！

行政議題

一、擔任行政服務工作要能掌握關鍵要素

　　如果初次擔任學校行政服務工作，需要一點時間熟悉工作性質，
了解服務工作的範圍，以及和教學工作、家庭生活如何區隔。一般教
師不願意擔任行政工作的原因，包括影響教學工作、行政工作繁瑣、
耽誤正常上下班時間、學校同仁不認同等。因此，在行政服務工作
上，需要練習掌握關鍵要素，才能避免因上述因素而影響服務品質，
同時也影響自己的正常作息。

二、在行政服務工作與教學進度方面調和

學校的行政服務工作與正常的教學活動，需要有一些策略上的調和，才能在二者之間取得平衡。例如：行政服務的例行公事，一般的文書報表的處理，需要透過電腦建檔的方式，隨時做行政上的處理；臨時性的行政業務，則需要承辦人員化被動為主動的處理方式。如上述案例，學校老張父親往生申請喪葬補助事宜，學校相關處室人員應該利用時間安慰老張，並且將相關的手續所需文書表件主動地提供給老張申請，如此一來，就不會有老張在下班時間還到處室申請的現象。

三、行政服務工作主動與被動之間的區隔

行政服務工作有主動與被動的差異，擔任各種職務的人員，要能快速地區分哪些工作要主動辦理，哪些工作要被動處理，在不同差別之間抉擇。例如：學校的季報表處理，屬於行政人員的權責，只要被動準備好就可以；上述案例老張父親的喪葬補助手續，則需要主動處理。

你可以精進
▲　▲　▲　▲　▲

一、行政服務工作需要時間與經驗累積

學校行政服務工作人員，不是一開始就會辦理各種手續，而是需要靠時間和經驗的累積。受邀擔任行政工作，要利用時間和原來的人員做工作經驗上的交接，以利業務上的銜接。經過一段時間的練習，以及經驗的累積之後，將各種行政工作區分成「主動辦理」與「被動辦理」項目。

二、在行政服務與教學工作取得適當平衡

　　一般而言，學校教師不願意擔任行政工作，主要原因在於怕影響教學，且缺乏班級管理歸屬感，又擔心做不好遭學校同仁指責。因此，在行政服務工作時，需要做行政服務時間與教學工作方面的平衡，思考怎樣的行政運作才不會影響教學工作。擔任學校行政工作，通常會因為職務而免除擔任導師工作，或是減少上課時間。所以，行政工作和教學工作，需要透過策略取得相關的平衡。

三、建立開關哲學的有效策略和模式

　　行政工作和教學工作的平衡，需要的是行政藝術上的「開關哲學」。意思是說，選擇不同的策略方法，就會涉及不同的開關哲學要領，需要思考哪些時間要處理行政業務，哪些時間要擔任教學工作，如何在二者之間取得均衡，而不會相互干擾影響。本案例中的林主任，因為擔任行政工作導致每天晚下班，影響到正常的家庭生活。林主任夫人給予建議，希望林主任可以掌握行政工作的關鍵，有效運用各種策略模式，才能輕鬆擔任行政服務工作。

4-5 誇獎的最高藝術

校長與祕書的私密對話

老張：校長，您找我？不知道有什麼差遣？

校長：老張，這是一份相當機密的公文，請您立即幫忙送到市政府，不可以有任何的延誤，以免耽誤公事！

老張：校長，收到！我一定會在時限之內送到市政府的，請您放心！

校長：好的，我相信您一定可以不辱使命，送到市政府的。

老張：謝謝校長這麼相信我，讓我來為學校服務！

校長：好的，辛苦您了，路上注意安全！

老張離開校長室後

祕書：校長，您明知道老張不太可靠，這種機密的公文，您怎會請老張幫忙送？

校長：唉呀！李祕書呀！我們應該要用人不疑，疑人不用，給每一個人充分的機會，讓每一個人有表現的機會。

祕書：可是，既然是機密文件的話，老張一定會偷看，而且會張揚出去的，過去有不良紀錄的！

校長：不會啦！這一次，老張一定會偷看，但不會張揚出去的。

祕書：為什麼？校長，您這麼有把握？

校長：我相信這一次老張還是會偷看，但絕對不會張揚出去。因為，這一份公文是他記大功一次的獎勵案件。

祕書：校長，您真高哇！

校長：呵呵呵，誇獎的最高藝術！

行政議題

一、公文的傳送需要更多的處理

行政服務有句俗諺：「想要保守祕密，最好親自送件。」意思是說在公文的傳遞過程中，要依據公文的保密性質做適當的處理，否則在傳送過程中，難免因為傳遞公文的人員大嘴巴而洩密。對於有機密等級的公文，除了需要彌封簽名之外，也應該特別的處理（例如：用無法透視的公文袋，或是文件加密方式），以避免在公文傳遞中，洩漏機關重要的訊息。

二、學校人員的誇獎如何表達的方式

任何人都需要被鼓勵，不同的鼓勵方式，帶來不同的影響力。擔任行政服務工作，除了快速處理公文書之外，也要面對人際相處的議題，其中的人員獎懲部分，更需要行政人員婉轉的手法。行政服務人員對於學校人員的誇獎，可以選擇多種方式，進而提高獎勵的影響效果。例如：學生的課業表現良好，可以在學校公開的地方張貼榜單表揚；學校教師表現優異，可以在學校的文化走廊張貼榜單，或是到教師家裡張貼紅榜；學校服務員表現良好，可以在校門口明顯處張貼優異事蹟。

三、運用揚善於公堂、規過於私室原則

學校行政服務在面對同仁的獎懲時，宜用「揚善於公堂、規過於私室」原則，對於表現優異的同仁，可以在公開場合給予適當的表揚，以提升獎勵的影響力；對於表現需要調整修正的同仁，則避免在公開場合數落同仁的不是，應該利用私下場合，給予適當的勸說提醒，避免同仁因為公開場合而導致不好的情緒反應。私下場合可以保留尊嚴，也可以讓同仁有一個調整的機會。

四、有時候間接的誇獎優於直接表揚

　　獎勵的方式有多種多樣，不同的獎勵導致不同的效果，善用不同的獎勵方式、掌握不同的獎勵時機、運用不同的獎勵對象、彈性運用直接間接獎勵，對於行政服務的運作，有不同的影響效果。例如：學校校長探視學務主任生病住院的父親，除了關懷的探視之外，在主任父親面前表示對主任工作付出的感謝，學校有了主任的辛勞，學生的管理輔導工作處理得相當好，頗受全校師生的稱許。此種間接的誇獎對學務主任產生的獎勵效果，遠比當面誇獎學務主任的效果來得好。

你可以精進

▲　▲　▲　▲　▲

一、同樣的獎勵內容不同的表現方式

　　資深行政師傅有言：「擔任行政工作要夠奸詐，此種奸詐稱之為策略與方法。」意思是指擔任行政服務工作，除了忙碌的文書報表之外，在處理人事物的同時，也應該要有一些創意。案例中的校長，很清楚地了解服務員老張平時送公文時，有偷看公文和張揚的習慣，因此有關老張記大功的公文，特別囑咐老張親自送到市政府，運用老張的工作習性以誇獎老張的工作表現，是一種間接強化表揚效果的獎勵方式。

二、除了傳統獎勵方式還可以更精進

　　在學校行政服務時期，有關學校人事物的獎勵服務，除了傳統的獎勵方式之外，可以擬定一些具有創意，而且獎勵效果更佳的方式來處理。例如：2021 年在日本辦理的國際奧運會，頒獎典禮時主辦單位邀請得獎的家人視訊分享，這就是一種具有創意且效果十足的方式。學校的頒獎典禮上面，可以邀請得獎的家人（或重要他人）出席頒獎典禮，以分享得獎的喜悅。

三、行政服務需要更精彩多元的形式

　　行政服務人員由於平時行政工作負擔重，導致處理行政事務時，僅能例行公事例行做，以任務完成交待為原則。精緻的行政服務，需要更多來自人文的關懷，需要更多具有創意的點子，以提升行政服務的成效。當各種行政服務與人與事有關時，承辦人員可以思考行政服務的方案，有哪些重要的關係人（stake-holder）、這些關係人和本事件有什麼關係，以及如何運用重要關係人強化各種獎勵的效果。

四、行政服務需要附加價值與精緻多元

　　行政工作除了服務他人，同時也成就自己。在規劃設計各種行政工作時，除了辦理的規則之外，也可以思考透過各種方案，以強化附加價值與精緻多元的成效。例如：某學校在校長卸任退休時，由於感謝校長多年來為學校的付出，私下商請校長的父母、另一半、家人等出席，感謝這幾年來家人對校長的包容、容忍與等待，現在終於可以將校長還給最親密的家人了。此種別具特色的退休感謝儀式，提升了校長為學校犧牲的感激之情，同時給予家人更溫馨的感謝之意。

4-6 公文的性質

初任行政人員

1993年5月1日初次擔任行政工作人員與資深行政人員對話錄

林組員：阿璽師傅！可以請教您一個重要的問題嗎？

師　傅：可以呀！有多重要，看你一副緊張的表情，不用緊張，行政單位最速件，抽屜先擺三天。

林組員：還真被您猜對了，我收到一個「最速件」，不敢抽屜擺三天啦！

師　傅：這個公文，很簡單啦！你弄個「簽稿併陳」就解決了！

林組員：簽稿併陳，什麼意思呢？

師　傅：就是將這個公文要你承辦的事件，擬一個「簽」和一個「創稿」一起呈給主任就可以了。

林組員：這？我還是聽不懂？什麼是簽？什麼是簽稿併陳？這要怎麼辦？

師　傅：哦！來！這一本武林「密集」給你，拿去好好研究一下。

林組員：這什麼武林密集？厚厚的一本。

師　傅：不要小看這一本武林密集哦！裡面有各式各樣的公文和各式各樣的文件，有上對下的公文、有下對上的公文、有平行單位的公文、有簽、有稿、有簽稿併陳、有機密件、有密件、有一般公文等等。

林組員：原來哦！不過，聽起來頭好暈。

師　傅：這一本武林密集拿去好好的研究一下，每一樣公文的方式，你都要熟悉，這樣才能在行政單位混。

林組員：好的師傅，如果有不明白的地方，再向您好好的請
　　　　教。
師　　傅：現在的年輕人，是很會考試，可行動能力，唉！
林組員：沒有人天生就會寫公文的，我雖然年輕，但是學習能
　　　　力強哦！
師　　傅：呵呵！我拭目以待。

行政議題

一、公文的意義和性質

　　公文是機關對機關、機關對人、機關對事、機關對物等的正式書
信。公文是處理公務的重要工具，是在學校服務或公務單位服務，必
須學習的基本工具。

二、公文的主要類別

　　一般而言，機關的公文包括幾個重要的類別：
1. 令：主要是用來公布法律、任免、獎懲官員，為總統、軍事機
　　關、部隊發布命令時之用。
2. 呈：主要是對總統有所呈請或報告時之文書用語。
3. 咨：主要是總統與立法院、監察院公文往復時之用。
4. 函：主要是一般的機關和機關之間的正式文件。

三、公文書「函」的類別

1. 上行文：用在下級機關對上級機關有所請求或報告時使用。例
　　如：臺南市中小學對臺南市教育局，就是屬於上行文。
2. 下行文：用在上級機關對所屬下級機關有所指示、交辦、批復

時。例如：教育部對各縣市教育局，就是屬於下行文。

3. 平行文：用在同級機關或不相隸屬機關間行文時，或是民眾與機關間申請與答覆時使用，例如：國立臺南大學對各中小學校，屬於平行文。

四、公文撰寫的基本要求

公文的撰寫要能達到「簡、淺、明、確」四個主要原則，在「簡」原則方面，指的是公文的結構內容表達要簡單扼要，避免過度冗長；在「淺」原則方面，指的是公文要淺顯易懂，避免詰屈聱牙、用字複雜難懂；在「明」原則方面，指的是公文要敘事清晰、文義清楚、條理分明，避免過度陳述；在「確」方面，指的是公文要主旨明確、語氣肯定、敘述時間、空間、數字精確，多使用直接句、肯定語氣，不模稜兩可、似是而非，讓人無法掌握各種原則。

五、公文的基本結構注意要點

公文的基本結構，包括下列幾個要點：

1. 段落要分明：公文應該包括主旨、說明、擬辦等三個重要結構。
2. 標點符號要清楚。
3. 一文一案為原則。

六、公文的基本結構與原則

公文的基本結構與原則，以「函文」為例，簡要說明如下：

1. 發文機關：發文機關要用全銜，例如：「國立臺南大學」。
2. 地址、聯絡方式：包括發文機關的地址及承辦人資料。
3. 受文者：行文對象。例如：「臺南市忠義國民小學」。
4. 發文日期及發文字號：由收發文單位統一處理。
5. 速別等級：指的是公文希望受文機關辦理之速別。例如：「最

速件」、「速件」、「普通件」三種。

6. 密等：指的是公文的機密等級，包括「絕對機密」、「極機密」、「機密」、「密」四種，如非密件，則不須填註。

7. 附件：必須註明名稱及數量。

七、公文之用語與稱謂

1. 上對下機關：開頭語用「檢送」，文末用語「請查照」等。

2. 下對上機關：開頭用語「檢陳」，文末用語「請鑑核」等。

3. 平行機關：開頭用語「檢送」，文末用語「請查照」等。

你可以精進

▲　▲　▲　▲　▲

一、先熟悉一般的公文判讀

初次擔任學校單位行政工作，要先了解公文的性質、內容、用意等，以利熟悉公文的判讀，避免因為對機關的公文不熟悉，而影響行政效率或耽誤重要的公事。一般而言，學校機關單位收文的處室，會先依據公文的性質內容，判定是哪一個處室哪一個承辦人應該要承接各機關的來文。如果負責收文的人員無法判斷是哪一處室哪一位承辦人，會呈請機關首長決定負責的處室。

二、其次熟悉公文的辦理流程

一般的學校單位在辦理公文時，會依據單位的性質，決定公文辦理的流程。由於資訊時代與無紙辦公理念的推展，學校單位公文大部分採用「電子公文」方式辦理。初次擔任行政服務工作，在短時間之內要熟悉公文辦理的流程，包括哪些手續、哪些會辦單位等，才不至於花太多時間在公文的處理上面，影響行政服務工作，或是耽誤重要的人事動態等。

三、再則熟悉公文的撰寫與擬辦

公文的撰寫與擬辦，是公文「來文」與「去文」重要關鍵，有些公文只需要「陳閱存查」就可以；有些公文需要「會辦單位」以利工作的協商；有些公文需要「立即辦理」等。當承接各種行政服務工作前，需要熟悉各種公文性質，以及公文擬辦的基本工作。當承辦人員不了解公文的內容時，最好立即請教資深的行政人員處理公文與擬辦公文的方法。本案例中的林組員，由於初任行政人員，向資深的行政人員請教公文的處理方式，此種態度有利於未來擔任行政工作，同時也避免因為個人專業能力不足，影響公務單位的正常運作。

※ 有關公文書的撰寫，請參考最新的機關公文書。

4-7　最應熟悉採購法

踩在法律紅線上面

林主任：早安，黃組長，您這個採購申請案不行，需要重新修正處理。我把它退還給您。

黃組長：主任，為什麼不行呢？我寫得好好的呀！

林主任：因為您這一個採購案的價格是 99,500 元，有違《採購法》的原則。

黃組長：不對呀！《採購法》明明規定，公務單位的採購超過 10 萬元，才需要依據《採購法》辦理呀！

林主任：是這樣沒錯呀！可是您的採購價格 99,500 元，離 10 萬元太接近了，將來會出狀況的。

黃組長：怎麼會呢？我這個採購價格故意壓到 10 萬元以下，而且廠商也願意配合執行呀！怎麼會有問題？

林主任：您都說了，這個採購案您「故意壓到 10 萬元以下」，將來監察單位或稽核單位，也會認為您是故意壓到 10 萬元以下，而迴避《採購法》辦理，到時候您會解釋不完的。您想一件事情單純辦理，還是來來回回辦好幾次。

黃組長：主任，我當然希望單純辦就好，不要太多的複雜手續。我們承辦行政工作，已經夠忙碌了。

林主任：那就對了，與其事後解釋老半天，不如現在就連根拔除。

黃組長：感謝主任的提點，這個案子要怎麼處理。

林主任：可以考慮將價錢降到 9 萬左右，或是將價錢提高到 10 萬以上，用《採購法》處理囉！

黃組長：那如果招標之後，廠商的價錢低於 10 萬呢？怎麼
辦？
林主任：那就誠實記錄下來就可以。行政服務工作除了要用心
辦理，也要依法辦理，才不會給自己和單位帶來更多
的麻煩。

行政議題

一、採購法的意義

《政府採購法》在民國 87 年 5 月 27 日公布，後經多次的修定，主要用意在於建立政府採購制度，依公平、公開之採購程序，提升採購效率與功能，確保採購品質，因而制定《採購法》，內文總計有八章 114 條。

二、採購法招標方式

依據現行的《採購法》，在採購之招標方式，分為公開招標、選擇性招標及限制性招標。

1. 公開招標：機關單位辦理公告金額以上之採購，應採用公開招標方式。

2. 選擇性招標：機關單位辦理公告金額以上之採購，符合下列情形之一者，得採選擇性招標：(1) 經常性採購；(2) 投標文件審查，須費時長久始能完成者；(3) 廠商準備投標須高額費用者；(4) 廠商資格條件複雜者；(5) 研究發展事項。

3. 限制性招標：機關辦理公告金額以上之採購，符合下列情形之一者，得採限制性招標：

(1) 以公開招標、選擇性招標或依第九款至第十一款公告程序

辦理結果，無廠商投標或無合格標，且以原定招標內容及條件未經重大改變者。

(2) 屬專屬權利、獨家製造或供應、藝術品、祕密諮詢，無其他合適之替代標的者。

(3) 遇有不可預見之緊急事故，致無法以公開或選擇性招標程序適時辦理，且確有必要者。

(4) 原有採購之後續維修、零配件供應、更換或擴充，因相容或互通性之需要，必須向原供應廠商採購者。

(5) 屬原型或首次製造、供應之標的，以研究發展、實驗或開發性質辦理者。

(6) 在原招標目的範圍內，因未能預見之情形，必須追加契約以外之工程，如另行招標，確有產生重大不便及技術或經濟上困難之虞，非洽原訂約廠商辦理，不能達契約之目的，且未逾原主契約金額百分之五十者。

(7) 原有採購之後續擴充，且已於原招標公告及招標文件敘明擴充之期間、金額或數量者。

(8) 在集中交易或公開競價市場採購財物。

(9) 委託專業服務、技術服務、資訊服務或社會福利服務，經公開客觀評選為優勝者。

(10) 辦理設計競賽，經公開客觀評選為優勝者。

(11) 因業務需要，指定地區採購房地產，經依所需條件公開徵求勘選認定適合需要者。

(12) 購買身心障礙者、原住民或受刑人個人、身心障礙福利機構或團體、政府立案之原住民團體、監獄工場、慈善機構及庇護工場所提供之非營利產品或勞務。

(13) 委託在專業領域具領先地位之自然人或經公告審查優勝之學術或非營利機構進行科技、技術引進、行政或學術研究

發展。

(14) 邀請或委託具專業素養、特質或經公告審查優勝之文化、藝術專業人士、機構或團體表演或參與文藝活動或提供文化創意服務。

(15) 公營事業爲商業性轉售或用於製造產品、提供服務以供轉售目的所爲之採購，基於轉售對象、製程或供應源之特性或實際需要，不適宜以公開招標或選擇性招標方式辦理者。

(16) 其他經主管機關認定者。

引自：「行政院公共工程委員會」相關法規。
網址：https://lawweb.pcc.gov.tw/LawContent.aspx?id=FL000659&Range=1%7C20

三、有法依法，無法依例形成紀錄

學校單位的採購案件，是行政服務最複雜的業務，其中涉及法規問題、人情世故問題、市場訪價問題等等，是行政服務人員最感到頭痛的業務。初任行政服務人員，都需要接受採購法規的培訓，經過考試合格才能擔任採購業務。

行政人員在處理採購案時，一定要依據相關的法規辦理，避免因爲人情世故或關說的壓力，而便宜行事改變作法。

你可以精進
▲ ▲ ▲ ▲ ▲

一、寧可依法行事避免事後辯解

行政服務工作再怎麼複雜，業務辦理再怎麼繁瑣，都需要依據法規辦理，避免因爲法規不熟，或是時間因素便宜行事，踩在法規的紅線邊緣，造成日後更多不必要的麻煩事。本案例的黃組長在學校的採購案件申請，由於價位接近《採購法》的規範，故意將價位降低到

99,500 元加以規避。此種作法不能說不當，但是日後相關單位的稽核，如果提出來要求黃組長做書面的說明，就會增加他在行政方面的不必要負擔。

二、養成向專家請益的行政習慣

任何行政業務的執行，除了例行公事之外，還有更多需要以法律為主的行動方案。承辦行政業務人員無法熟悉所有的法規，但是可以在遇到與法律有關的業務時，養成向專家或資深人員請益的習慣。如果是學校校長或主管的話，應該在服務單位聘請「執業律師」、「法官或檢察官」擔任學校的法律顧問，遇到有學校法律問題，可以隨時請教「校聘律師」等人員協助處理。

三、避免便宜行事導致後遺症

國內很多行政方面的法律事件，多半是因為承辦人員的「便宜行事」而導致的。例如：礙於民意代表的壓力、家長廠商的情面、行政業務辦理時間有限等各種內外在的因素，導致執行業務時採取各種不法的「變通方案」，進而造成各種後遺症。本案例的黃組長，故意將價位壓到低於 10 萬元之 99,500 元，看似不違反《採購法》的規範，執行上不會有問題，但此種作法有「圖利廠商」或「故意避法」之嫌，日後稽核單位要求說明時，恐怕會花更多解釋的時間。

有關學校機關單位的採購法，請參考「行政院公共工程委員會」相關法規。
網址：https://lawweb.pcc.gov.tw/LawContent.aspx?id=FL000659&Range=1%7C20

五

教學服務

5-1 作業量見仁見智

家長對作業量沒有共識

2021 年 3 月 5 日教學組長與家長代表會議上，主持人是教學業務郭組長。

郭組長：大家早安！因為家長對學校老師指派的作業量有意見，所以今天召集大家來學校開會討論，希望透過大家的意見，可以形成共識提供學校老師參考。不過，我要先說明每一位老師的專業不同，不同年級、不同班級、不同學科的老師，對於指派的作業量也都各有不同的看法，我們的會議結論只是提供老師參考，不具有強制性哦！

黃代表：這個我們了解啦！原則上我們還是會尊重老師的專業！

郭代表：我女兒班上的老師派的作業真的太多了，每天晚上都寫到三更半夜還是寫不完，每天都睡眠不足。

林代表：就是嘛！我兒子班上的老師，派一些有的沒有的作業，讓我們家長很困擾，都要配合孩子寫作業。

鄭代表：我兒子的老師，每天都不派作業，還說什麼回家就要好好休息，作業量和學習成就沒有什麼關係，該寫的在學校都已經寫完了！

陳代表：我孩子的老師更奇怪了，班級每一個學生的回家作業內容都不一樣，說什麼因材施教、個別差異，我們這些家長還真的無所適從。

孫代表：我覺得啦！為了公平起見，學校應該要建立一套「學

生作業量」的制度，讓每一個家長和學生有可以遵循的標準。

李代表：您們這樣的訴求，讓學校很為難，有的要增加作業量，有的要減少作業量，有的要改變作業的方式，有的還要老師配合，像兩位委員代表的孩子在同一個班級，一個嫌多一個嫌少，真不知道班級老師如何因應，當老師真為難。

郭組長：聽了大家的意見，對您們提出給學校的建議，都非常的寶貴。尤其，對學校老師派家庭作業的份量，提出珍貴的改進意見，我會將這些意見形成會議紀錄，轉達給老師作為參考。謝謝大家！

康代表：那，作業量是要增加還是要減少？方式要不要改變？

郭組長：我看這樣，如果您們嫌老師派的作業太少，可以自行增加；如果您們嫌老師派的作業太多，可以自行精簡。這樣就可以達成大家的要求了。

　　負責記錄的吳老師私下向郭組長豎起大拇指，若有所感的說：「郭組長，您真高，這個決議好。」

行政議題
▲　▲　▲　▲

一、行政難以迎合眾口鑠金的需求

　　一般的行政服務滿意度，想要讓每一個人都滿意，可能性是不高的，如果滿意度可以達到 60% 就已經很不容易了。學校的行政服務工作，無法讓每一位家長和學生都滿意，每個人對學校發展的需求與期望不同，因而想讓每一個人都滿意，需要更多的行政服務。

二、讓需求回歸到有需求的人身上

俗諺「一人一張嘴，三個人會有五張嘴。」意思是說每個人的想法都不一樣，一個人會有一種想法，三個人就會有五種不同的想法。因此，行政服務工作想要讓每一個人都滿意的可能性是不高的。在面對不同人員、不同的需求與意見時，比較理想的方式是「讓需求回歸到有需求的人身上」，意思是說當學校單位在面對各種不同意見的家長時，可以依據家長的需求性質，將這些需求的「選擇權」和「決定權」回歸到家長身上。案例中的教學組郭組長，當面對不同家長提出來的不同需求時，沒有當場拒絕家長的要求，而是將家長的各種需求，用另一種手法回歸到家長身上。

三、召開會議形成共識是最好的策略

當學校家長對於學校的各種制度，或是教師的教學方法有不同意見時，透過家長代表會議的召開以形成共識，是相當好的策略方法。本案例中的經驗，由於家長對於學校教師指派作業的份量多寡，有各種不同的意見時，學校教學組依據家長的意見，召開相關的共識會議，讓家長將自己的意見提出來形成討論議題的具體作法，有助於化解家長對學校的疑慮，同時可以提供學校教師作為參考。

你可以精進
▲ ▲ ▲ ▲

一、共識會議決議可提供作為參考

學校行政服務工作，應該成為教師教學支持系統，針對教師的教學情形，提供各種行政上的服務，避免導致行政干擾教學的現象。上述的案例中，教學組郭組長由於家長對於教師指派作業的形式與份量有各種不同的意見，因而召開「家長代表座談會」，主要的用意在於

宣導學校的具體作法，其次是聆聽家長代表的意見，以作為學校教師教學之參考。

二、任何會議形式的共識不影響教學專業

當學校行政人員接到家長對教師教學反應意見時，應該要婉轉告知家長學校的相關制度作法，讓家長可以了解學校教學實施的相關規定，降低家長對學校教學的疑慮。如果家長對學校各種教學措施有疑慮時，可以在適當的時機召開相關的會議，讓家長有提出各種建議的機會。在召開會議前，主辦人員應該針對學校的現況，讓家長有一個會議前的「認知」，了解學校的具體作法，同時也要宣稱「本會議決議提供教師作為參考，不可以影響教師的教學專業」，才不會在會議結束之後，讓家長以為這是學校一定要執行的辦法，另一方面讓教師誤解學校不尊重教師的專業，導致「順了嫂意、逆了姑意」的結果。

三、主持會議需要智慧以建立有利結論

學校各種會議的舉行，需要事先擬定一個議題，作為會議進行的依據，透過會議的召開，讓所有的關係人可以暢所欲言，提供各種不同的意見，以形成共識。本案例中的「家庭作業指派份量共識會議」，所設定的主題是家長對教師指派作業份量多寡的意見，由於出席會議的家長代表，所提出來的主張差異性相當大，所以教學組長除了表達學校的立場之外，同時將家長代表的意見綜合之後，將「選擇權」和「決定權」回歸給家長，並且宣示「會議僅提供給教師作為參考，不影響教師的專業決定權」，如此的決議可以讓家長滿意，同時可以贏得教師的肯定。

5-2　人生最後一個便當

化腐朽為神奇

　　1996 年 10 月 5 日 11：40，學校辦公室的廣播系統：「三年五班林○○老師，辦公室有您電話，請到辦公室接電話。」

林老師：喂！我是三年五班林○○，您是哪一位？

文賓爸爸：林老師您好，我是文賓（化名）的爸爸，文賓媽媽這幾天情況不好，醫師說時日不多了，文賓媽媽今天想要幫文賓送最後一個便當來，盡當媽媽最後的一份心力。

林老師：好哇！沒問題呀！文賓媽媽這一份母子情懷真令人動容，我要怎麼配合您們？

文賓爸爸：文賓媽媽今天向主治醫師請假，中午 12：00 要幫文賓把最後一個便當送來，到時候救護車會將文賓媽媽送來，救護車的聲音會很大，一定會影響學校上課，請大家包涵。

林老師：這個，您放心，我會向校長報告這一件事，請學校配合您們的行程。

文賓爸爸：謝謝您們，謝謝老師。

鄭校長：林老師，你剛剛的電話，我也聽到了，你有什麼想法？

林老師：校長！我想全班停課，將全班學生帶到文化走廊，我會讓文賓這個學生在學校中庭等這個偉大的媽媽。

鄭校長：林老師，我們全校停課，配合你們班。

林老師：感謝校長。

　　林老師接完電話，回到教室之後，用紅紙寫了一段話，放在托盤上面，帶著全班學生到學校文化走廊，林老師要求文賓跪在地上等媽媽的來到。

　　校長透過全校廣播系統宣布全校停課，請各班級老師將學生帶到文化走廊，全校師生等這一位病危的偉大媽媽到來。

　　12：05，一輛救護車由遠而近開進校門，救護車在學校文化走廊停了下來，文賓的爸爸將文賓的媽媽推出來，以瘦弱的身軀、羸弱的雙手，遞出「人生最後一個便當」。文賓雙手捧著托盤，舉出林老師事先幫忙準備的紅紙條。

　　「我黃文賓對天地發誓，從今天起我要努力用功讀書，將來要當醫師，將女孩子為什麼會得乳癌的原因找出來，我一定要解救所有的癌症病人。」

　　現場響起一片掌聲，全校所有師生都感動落淚。黃文賓接過媽媽的便當，向媽媽磕了三個響頭，跪謝媽媽送來人生最後一個便當。

　　林老師請學校攝影專長的柯老師將現場錄音錄影起來，成為學校重要的教學影集，還發行了一份很重要的校刊，校刊的頭版標題「人生最後一個便當」。文賓媽媽在送完便當之後，幾天後就往生了。

　　多年過去了，黃文賓一路苦讀，直到醫學院畢業，都名列前茅，沒有辜負父母的期望，也實現當年的願望，成為臺灣相當知名的癌症名醫。

行政議題

▲ ▲ ▲ ▲

一、將小氣息轉成大波浪的能力

　　學校行政服務工作人員，要有將小氣息轉成大波浪的能力，指的是學校中的所有事件，只要對全校師生有幫助的，就要想辦法將事件提升影響力，以發揮事件本身的作用。上述案例，林老師接到家長的電話，重病的媽媽希望幫孩子送「人生最後一個便當」來學校，完成生命中最後的心願。透過林老師的規劃與學校校長的配合，將簡單的班級事件成為全校「生命教育的題材」。

二、生活中的事件提供機會教育

　　本案例中的林老師，在接到家長電話之後，了解家長的實際需求，透過與學校校長協商的過程，將學生家裡的事件轉化成為全校師生學習的題材。因此，學校行政人員在平日的學校生活中，應該隨時透過各種生活事件，提供作為教師與學生班級教學之參考。

三、透過生活事件鼓勵學生成長

　　學校行政服務雖然對象比較偏向教師，然而行政服務對象也應該要將學生納入，讓全校師生都可以在行政服務之下，受到應有的服務待遇。案例中的林老師，技巧性的將班級學生的生活事件，透過專業的規劃設計，除了提供作為全校的生命教育之用，同時也藉機會鼓勵學生積極努力，在未來的生涯中勤奮向學。

你可以精進
▲ ▲ ▲ ▲ ▲

一、學校教育需要更多創意的設計

　　學校教育活動的實施，除了正式課程教學之外，可以將班級學生的各種事件納入課程教學中，以激發學生的學習動機。上述案例，林老師的班級學生由於媽媽病重，想要在今生有限的時間之內，為孩子送來最後一個便當，林老師順應家長的需求，同時也給班級學生一個機會教育，學校校長「順勢而為」為全校師生提供一個「生命教育」的機會。

二、班級教學與學校行政連結的作法

　　學校班級教學的實施，與學校行政的連結，需要行政人員與教師更多的智慧，以及緊密的聯繫，才能在班級教學與行政連結上，收到預期的效果與更高的行政效率。如果學校行政與班級教學聯繫不佳，而且在學校生活中各行其事，就無法收到更高的效果。例如：上述案例如果林老師只是讓家長送便當到教室，學生親自到教室前迎接，事件的發生僅限於該班級師生，無法擴及全校師生的教育成效。

三、聯繫家長與學校行政的有效策略

　　本案例的林老師，將家長的需求與學校行政做有效的連結，透過學校校長的首肯，以進一步全校停課的方式，將一項簡單的事件，擴大到全校師生共同學習，並且將事件完整記錄下來，發行校刊。透過文字方式保留下來，可以提升教育的成效，讓更多人從事件中學習、從事件中感動、從事件中成長。

5-3 我不是爛老師

我是初任老師，不是爛老師啦

黃媽媽：林老師，我是黃小威的媽媽。

林老師：小威媽媽您好，有什麼需要幫忙的嗎？

黃媽媽：幫忙就不用了，我看你是全校最爛的老師。

林老師：小威媽媽，我不是爛老師啦！我是初任老師，新手上任請多包涵。

黃媽媽：你昨天上那個什麼課，我們小威回到家裡，哭哭啼啼的，他從沒有那麼傷心過。

林老師：哦！小威不是哭哭啼啼的啦！那是感動的淚水啦！

黃媽媽：感動？有沒有搞錯？上半天的課，他就感動得淚如雨下。

林老師：對啦！我昨天上的課是「爸爸媽媽有多辛苦」，我在課程教學中設計各種問題，讓學生了解爸爸媽媽的工作內容，同時讓學生體會父母親的辛苦啦！

黃媽媽：這樣，小威就哭哭啼啼的？

林老師：小威對班上小朋友說，他到現在才了解爸爸的工作有多辛苦，他真不應該老是嫌棄爸爸的工作內容，回家之後他要好好孝順爸爸。

黃媽媽：到底是什麼課，讓小威的改變這麼大？

林老師：小威媽媽，您如果有空的話，歡迎隨時到班上來和小朋友一起分享，一起學習。

黃媽媽：我也可以到班上來分享，到班上一起學習？

林老師：對哦！現在學校的教育很開放，隨時歡迎家長到學校來，進到教室中了解教師的教學、學生的學習情形。

黃媽媽：好哇！我倒是想要看看您是怎麼把小威和班上小朋友
　　　　弄哭的。

林老師：隨時歡迎您哦！

　　黃媽媽抱著踢館的心情，到林老師的班級上了半天的課程，當天上的課程主題：孝順爸爸媽媽要及時。黃媽媽本來只想旁聽一節課，結果當天在教室裡上了四節課，這一次換黃媽媽哭哭啼啼的離開教室。

黃媽媽：林老師，您不是爛老師，您是天底下最棒的老師。

林老師：謝謝您啦！我只是初任的老師，一個新手上路的老師
　　　　啦！

黃媽媽：以後我的兒女，都要讓您教。

林老師：感謝您的支持。

行政議題

一、行政單位應該幫教師形塑形象

　　學校行政服務單位應該幫教師塑造各種專業的形象，提供家長與教師正向互動的機會，避免因為刻板印象的形成，導致各種不必要的誤會。由於家長對於學校教育的實施並未充分的了解，需要學校單位給予更多的宣導或教育，才能掌握孩子在學校的生活全貌。因此，學校應該針對發展上的特色、學校教師的專長等，利用親師溝通日作為宣導，提供家長認識教師的機會。

二、行政單位應該調和教師與家長之間的關係

　　家長與學校教師之間的互動，需要行政服務人員提供各種溝通的管道，作為家長與教師之間的互動，溝通管道包括學校家長日、教師訪問家長日、親師座談、親師溝通會等方式。教師也可以透過班級親師時間，適時地向學生家長介紹自己，包括教育理念、班級經營方式、對學生的要求、希望家長配合的地方等。

三、行政服務應解決家長與教師之間的糾紛

　　由於教師與家長之間觀念的差異、家長對學校的理解不同，以及家長對班級教學的想法差距，導致家長與教師之間各種不同的糾紛，需要學校行政人員協助解決。上述案例，由於家長對林老師的教學有所誤解，導致家長認為林老師是「爛老師」，在經過林老師一番解說並邀請家長到教室參觀教學之後，釐清了家長對班級教學的誤解，透過班級參觀教學掌握教學的特色，因而化解家長與教師之間的誤解。

你可以精進

▲　▲　▲　▲

一、行政單位應該了解教師教學上的需求

　　學校單位擔任行政服務工作者，通常都是由學校教師兼任各種的行政工作，行政服務人員本身具有教學經驗。因此，行政服務工作應該從教師的教學出發，了解教師需要哪些行政上的支援，可以提供教師在教學上的應用。一般的學校行政服務工作，主要是支援教師的教學工作，行政工作如果脫離教師的教學，就不容易受到教師的肯定。

二、行政服務應該配合教師班級教學

　　學校行政服務工作與教師教學工作之間，表面上看起來關係不大。然而，行政工作的存在，主要是依據教學上的需要。因此，在擔任行政服務工作時，需要隨時了解教師教學上的需求，將教學需求融入行政服務工作，學校行政服務才能更爲順暢，教師在行政配合方面的意願也會比較高。

三、鼓勵教師化被動為主動形塑形象

　　教師教學是一種專業的工作，不同專業之間需要相互理解。由於家長對教師教學生態，僅憑學生時代的經驗，或是自己對教學的想像，因此教師需要提供家長「了解教育」的各種管道。本案例中的林老師，對於家長批評自己爲「爛老師」時並沒有因此生氣，反而提供家長認識自己、認識教學的機會，透過家長對教學的了解、對班級生活的親自體會，了解林老師的教學理念、教學特色，進而反轉自己對教學的觀念，改變平時對林老師的刻板印象，改評林老師爲「最佳教師」。

5-4 行動圖書車的由來

林老師您想做什麼

1985 年 10 月 21 日 09：10 偏鄉小學中的教師與家長對話錄

林老師：潘先生早哇！今天這麼早到學校來，您今天不用上班嗎？

潘先生：對呀！這幾天老闆停工，不用上班，我賺到三天的假！想說閒著沒事來看看我那個小兔仔子，在學校有沒有認真讀書？

林老師：您真用心，您放心啦！您兒子在學校很認真的讀書，他知道爸爸開卡車很辛苦，一刻都不敢懈怠啦！希望將來可以讓您過好的日子，不用那麼辛苦，每天早出晚歸的。

潘先生：那好，可以體諒父母的辛苦。林老師您教得好。

林老師：潘先生，您放三天假，真好哇！您和您的卡車，可以借我半天嗎？

潘先生：哦！好哇！林老師您想做什麼。

林老師：是這樣啦！我上次去市區的中山國小研習，他們學校光圖書館的藏書就有十幾萬冊，我看了好羨慕，我們學校的圖書館藏書才幾百冊。他們校長是我的學長，我想借您和您的卡車，到中山國小借幾千冊的圖書，搬回來給學校的學生好好地閱讀。

潘先生：讚啦！林老師，真有您的，這個想法讚哦！

林老師：謝謝囉！

··

　　林老師將這個有點瘋狂、有點創意的點子，向服務學校校長報

告，郭校長不但贊同，還宣布學校停課三天，配合林老師的點子，以及潘先生的義舉，到中山國小借用三千本故事書，用卡車運回偏鄉小學，讓學生可以好好的讀這些課外書。

郭校長：柳校長，我是忠義國小（化名）校長，想向您們學校圖書館借用三千本課外書，讓我們學校的學生閱讀，不知道您方便嗎？

柳校長：郭校長，沒有問題啦！貴校的林老師是我的學弟，他已經和我提過了，我也同意借你們。但是，希望回來時，還是原來的專書編號。

郭校長：原來的專書編號？

柳校長：就是在我們學校圖書館的編號，回來還是要按照原來的編號，恢復原來的位置。

郭校長：沒有問題。

郭校長：林老師，中山國小的柳校長要求我們向他們學校借的專書，還書時要恢復原狀。

林老師：校長，這個簡單啦！您放心，我有辦法。

郭校長：那就交給你了。

透過林老師的創意點子，以及家長潘先生的協助，在偏鄉的忠義國小向市區中山國小借用了圖書館的三千本故事書，透過三天全校停課的方式，讓忠義國小的學生自由自在的看了三天的課外書，全校學生都很開心，教師也加入閱讀的行列。三天之後，林老師原封不動地將中山國小圖書館的三千本書歸還，柳校長也表示了有借有還、再借不難的情誼。

行政議題

▲ ▲ ▲

一、行政資源共享的理念與實踐

　　國內教育資源分配與運用不均的現象，向來為教育界批評的議題。不同地區的中小學，在資源的分配與運用方面，更是顯現出城鄉差距的不公平現象。身為學校行政服務人員，在現有的體制之下，應該透過各種資源整合共享的理念，將現有的資源做最大的運用。例如：偏鄉的小學可以和市區的小學以相互策略聯盟的方式，引領學校共同發展；山上的中小學可以和海邊的中小學進行跨校的課程教學發展，提供當地特有的資源共構「學校本位課程」設計與實施。

二、跨校之間資源整合與運用的理想

　　偏鄉中小學在資源的運用方面，受限於各種外在條件，同時影響學校的教育發展。擔任學校行政服務工作，要能透過跨校之間資源的整合運用，提供學校更豐富的資源運用服務。上述案例，由於學校單位的圖書資源不足，導致學校師生對於課外圖書閱讀上的限制，林老師在參觀市區小學圖書館之後，了解中山國小的圖書設備資源豐富，透過家長資源的運用向該校借用三千本課外書籍，提供全校師生三天的閱讀機會，此為跨校資源整合的最佳示範。

三、學校發展需要更多的相互合作模式

　　不同地區、不同規模、不同特色的學校，在教育發展與課程教學實施方面，可以依據學校的需求特色擬定共同發展的計畫，透過計畫的實施，採用相互合作模式，讓學校師生可以擁有不同的發展機會。由於每個不同學校本身擁有不同的教育發展機會，以及教育發展的特色，透過機會與特色的分享，能夠提供附近地區學校在發展上的契機。

你可以精進

一、教育發展來自於創意的策略實施

　　中小學的發展需要師生協同合作，透過創意策略才能激發教育發展的潛能。如果學校教師一直停留在資源有限的抱怨中，不知開拓新的教育發展模式，學校教育發展就無法有更新的突破。上述案例中，林老師透過親師合作的方式，邀請開卡車的潘先生，利用休假期間到中山國小借用三千本課外書，提供學校師生閱讀的機會，此種創意策略的實施，不僅克服了服務學校圖書館藏書量少的困境，同時也開啟跨校合作歷史性的一頁。

二、創意讓兒童圖書長腳走進學校

　　擔任學校教師或行政服務人員，遇到各種瓶頸時應該思考問題的癥結，針對問題性質提出可行的策略，以破解學校面對的各種困境，進而提升學校的發展效能。林老師在班級教學中，發現學校的圖書館藏書量少，無法提供師生閱讀上的需求，透過在另一所學校交流的機會，發現市區學校圖書館藏書量很豐富，因而思考如何將他校的圖書設備借用到服務的學校來。透過班級教師與家長的親師合作，請家長在休假時開工作的卡車將另一所學校的藏書運來服務學校，提供師生一個閱讀的機會。

三、教師的創意讓行政服務更為積極

　　林老師的創意思考、家長的積極配合，以及學校校長的決策，讓一件創意的工作，真正落實到偏鄉學校中。此舉不僅提供教師與學生擴大閱讀的機會，同時也為親師合作奠定一個良好的模式。因此，在學校行政服務時，面對各種形式的學校瓶頸時，應該要思考可以突破

的途徑。如同林老師與家長對話時，了解家長的想法，與家長商量可以共同合作的方式，並取得家長、學校校長、友校校長的同意，共同合作完成一件有意義的閱讀行動。

5-5 對話中露玄機

教室中的師生對話

2020 年 5 月 6 日 8：12

··

　　成功國小（化名）三年級的教室中，教師與學生的對話：

··

三年一班

李老師：班長！全班到齊了嗎？

班　　長：老師，班上總共有 25 位同學，曉銘、志穎二位同學
　　　　　還沒有來。

李老師：好的，知道了。小朋友，請大家將國語課本拿出來，
　　　　　我們今天要上第五課「父親的來信」。

小朋友：好的。

三年二班

鄭老師：班長！全班到齊了嗎？

班　　長：老師，班上總共有 25 位同學，珍妮、明華二位同學
　　　　　還沒有來。

鄭老師：有沒有記錄下來。

班　　長：有，已經在記錄本上面記錄下來。

鄭老師：等會兒下課，打電話問問看是什麼原因？今天要不要
　　　　　請假。

班　　長：好的。

鄭老師：一定要記錄下來。小朋友，請大家將國語課本拿出
　　　　　來，我們今天要上第五課「父親的來信」。

三年三班

胡老師：班長！全班到齊了嗎？

班　長：報告老師，班上總共有 25 位同學，勝雄、文英二
　　　　位同學還沒有來。我剛剛已經打電話去他們家裡問
　　　　了，勝雄今天感冒要請一天病假，文英的媽媽生
　　　　病，她要去醫院照顧媽媽。

胡老師：哦！了解了，有沒有記錄下來。

班　長：有，已經在記錄本上面記錄下來。

學藝股長：報告老師。我會將今天的上課內容通知他們兩位同
　　　　學，請他們利用時間溫習複習一下。

胡老師：嗯！你們做得真好。小朋友，請大家將國語課本拿出
　　　　來，我們今天要上第五課「父親的來信」。

行政議題

一、教室中的對話反應出不同處理模式

　　在學校班級的師生對話中，可以反應出不同教師處理班級事務的不同模式，對班級經營有經驗的教師，會隨著不同情境，指導班級幹部各種處理方式。一位教師面對班級生活各種情境，通常無法立即處理或即時反應，需要訓練班級學生擔任各種不同幹部，分工合作處理各種班級事務。

二、學校行政事務與班級事務的有效連結

　　學校行政服務工作，有很多情節與教師班級經營是有連結的，行政領導人員應該提供教師班級經營上的各種指引，讓教師可以透過行政服務，連結各種班級經營的技巧，有效處理各種班級事務。上述案

例顯示，不同型態的教師，在處理班級經營時，由於經驗與專業能力的不同，以及對班級事務的警覺度不同，而採取不同的策略。

三、從不同典範中學習與成長的必要性

學校行政服務工作與教師教學工作，需要做緊密的連結才能提升學校的效能，行政服務人員除了行政方面的支持，也應該成為教師教學支持系統。針對教師教學上的需要，提供各種有效諮詢與策略，作為教師教學管理與班級經營的參考。

你可以精進
▲　▲　▲　▲　▲

一、不同模式、不同策略、不同成效

行政服務工作採用不同的策略，方法與成效就不同，想要提升學校效能，就需要花時間思考不同模式的特色，以及不同策略實施的成效。上述案例，第一個班級的教師採用的是「傳統模式」，對於學生上課缺席的情形，採取的是「視為理所當然」、「不立即處理」的策略，此種模式對於學校發展是相當危險的；第二個班級的教師採用的是「延遲處理」、「形成紀錄」策略，此種模式屬於暫時延緩的方式，以及事後記錄的策略；第三個班級的教師採用的是「學生自主」、「立即處理」的即時策略，能有效處理班級的各種事務，對於學校發展比較正面積極。

二、行政服務與班級教學形成有效模式

學校行政服務與教師班級教學之間的關係，是相當密切而且關聯性高的，當教師的班級教學處理不當時，就容易形成行政服務上的困擾，增加學校行政上的負擔，同時導致家長對學校行政的不信任。因此，行政服務需要與教師的教學形成專業的聯繫關係，建立有效的專

業關係模式。上述的學生出席管理模式，行政人員可以將比較適當的
處理方式，提供教師作為班級經營參考模式。

三、從教師經驗中建立行政服務效能模式

　　從事行政服務工作，需要從學校的組織氣氛中，透過各種經驗的
學習，建立有效能的行政服務模式。由於行政服務人員需要隨時提供
教學上的支持，因而以「導師導向」的經驗學習，建立行政服務效能
模式，才能提供教師在教學方面的支援與經驗參考。本案例的教師班
級管理，第三位教師在管理學生出席狀況時，有效地運用「學生自行
管理模式」，掌握學生的出缺席狀況。

六
總務服務

6-1　定規範與驗收

官場對話錄

長　官：林組長，本中心因為業務上的需要，上年度編列了
　　　　要買 100 部電腦的預算，你初來乍到又是高考一級
　　　　的榜首，這個業務就交給你辦！

林組長：是的！長官

長　官：相信你一定沒有問題的，要記得依法辦理，而且要
　　　　處理好，定規範和驗收，都歸你！

林組長：是的，沒有問題。

林組長：報告師傅，我才剛到行政單位第一天，主管就交這個
　　　　任務給我，我連電腦開機都不會，電腦長成什麼樣子
　　　　都沒看過，我怎麼能擔任這個重責大任？我看，我辭
　　　　掉工作回鄉下種田比較快。爸、媽，我回來了！

師　傅：你還真沒有出息，買個 100 部電腦這麼簡單的事情，
　　　　你都無法搞定，將來怎麼幹大事、獨當一面？

林組長：簡單的事，真假？願聞其詳！

師　傅：有一句話是這麼說的：「離開專業變低能，不同專
　　　　業要相互尊重。」你沒聽過？

林組長：有哇！但我還是不知道怎麼做呀？

師　傅：你可以編一點經費開個「專家會議」，請懂電腦的
　　　　專業人員到你的中心開個會議，請這些專家幫忙制
　　　　定購買電腦的「規範」，花一點點諮詢費用，就可
　　　　以將規範定出來，不是嗎？

林組長：這個辦法好，可是？

師　　傅：可是什麼？

林組長：將來還有驗收的問題，該怎麼辦？

師　　傅：請專家來驗收呀！

林組長：這些專家不會舞弊嗎？不會和廠商互通有無嗎？

師　　傅：這個簡單！定規範和驗收的專家不要同一批人，就
　　　　　解決了！

林組長：感謝師傅！叩謝師傅！

行政議題

一、請購物品定規範的意義

　　學校行政業務的運作，在請購方面向來是行政人員感到困惑，或者不願意承擔的業務，主要的原因是並非所有行政人員對於所要採購的物品都有深入的了解。在請購物品時要先了解當年的單位公務預算書的主要內容，掌握這些預算的特色和要求，尤其是採購物品的規劃有哪些？例如：購買電腦需要什麼等級的功能？附加哪些電腦程式？哪些主要的電腦特性？等等；購買學校教學設備，需要在教室中添加哪些主要設備？教學需要哪些功能系統？投影機需要哪些規範？等等。

二、請購物品定規範的技巧

　　請購物品定規範的主要意義，是依據學校機關當年發展上的需要，顧及各種實際運作的需求，而定出來的規範。如上述案例，需要購買 100 部電腦設備，在請購招標前就需要將「物品規範」定出來，以利機關招標規範之公告。由於「師資培育」或「養成教育」階段，對於行政人員的訓練或培訓，並非每一種行政運作的內容都納入訓練

課程中，所以導致擔任行政工作面臨各種採購時，對物品的生疏，或是對採購規範的不了解。因此，在定規範時，可以透過專業人員的諮詢，召開「專業定規範會議」，協助行政運作訂出相關的規範。

三、請購物品驗收的原則

請購物品之後，廠商依據規範將產品交件，學校行政單位請購人員需要依據請購物品規範，完成驗收並蓋驗收章。在驗收時，驗收人員需要依據招標文件中的「物品規範」逐一進行驗收。因此，在驗收物品時，是一件難度相當高且繁瑣的工程，需要行政人員運用各種「驗收技巧」，以完成驗收動作。

四、請購物品驗收的流程

由於林組長對於電腦的性質與操作不熟，所以在「定規範」時，需要透過專業人員的諮詢協助，因而在驗收時也需要專業人員的協助。為了避免定規範與驗收人員徇私舞弊，可以做人員上的區隔，定規範邀請一批人，驗收可以邀請另一批人，或者定規範和驗收的人員可以適度有所區隔。如此一來，可以避免不必要的困擾。

你可以精進

一、運用專業人員解決行政困擾

資深行政人員有一句俗諺：「行政人員不是萬能，專業的部分就讓專業人員來。」懂得運用專業人員，才是行政人員的至高原則。像上述的案例，中心要購買 100 部電腦，林組長並非電腦專家，而且對電腦的屬性一無所知。像他這種新來的行政人員，對此種現象可能都會感到困擾、困惑而不知所措。其實，只要編列一點諮詢費用，召開專家諮詢會議，就可以解決這一個問題，將購買電腦的規範定出來。

二、避免自我中心的行政效應

　　學校行政服務的困擾，多半來自承辦人員對業務不熟，又自以為是的心理，導致行政運作上的困擾。在學校行政服務時，如果遇到自己不熟的業務，或是需要專業人員協助的案件，可以透過專業人員的諮詢協助，解決很多行政業務運作上的困擾。所以，切記當行政業務遇到專業議題時，可別閉門憂慮、自尋煩惱，開門迎接專業人員，才會是上上策。

三、專業的規範專業人員處理

　　專業人員可以定規範，當然也可以擔任驗收工作。例如：學校校舍建築工程，建築師訂出規範，當然也要建築師監工、建築師和相關人員驗收工程。上述的購買 100 部電腦案，由電腦專家訂出購買規範，也由電腦專家擔任驗收工作。

四、行政運作需要懂得尊重專業

　　行政運作除了需要相互尊重，也需要懂得尊重專業，當然還需要一點點創意和技巧。林組長在驗收前，諮詢了一位相當有經驗的電腦專家如何有效進行驗收工作。專家的建議是在招標時，向得標的廠商宣示，將來驗收時會將 100 部電腦編號，隨意抽出五部電腦拆開一一驗收，只要有任何一部電腦不合規範，或是採用次級品，就全部退貨。

　　當年林組長的採購和驗收案，獲得中心主任的高度嘉許，該採購與驗收案成為行政機關的典範，以及行政單位採購依循的模式。林組長在行政單位幾年後，完成高等學位，並到大學校院任教。

6-2 工友的考績

即將造反的「副校長」

蘇主任：林主任，真佩服您，有勇氣接學校的總務工作，管理
　　　　40 個工友（副校長），總務處是全校最大的處室，
　　　　人多口雜不好管理，大小事糾紛不斷，每天都有新鮮
　　　　事！

林主任：人在江湖身不由己唄！當一天和尚撞一天鐘囉！我想
　　　　只要「誠心以待」，應該不會有問題的。

蘇主任：我沒有您那種情懷，也沒有您包容的心，過去在總務
　　　　處服務時，我一刻都不想停留。這個擔子交給您了，
　　　　您好好的發揮囉！辛苦了！

林主任：感謝您過去的付出，感謝總務處人員的配合，天佑總
　　　　務處。

林主任上任第三天

陸組長：主任，恭喜您上任，領導總務處同仁。明天是總務處
　　　　工友打考績的日子，請問主任您的想法？打算怎麼執
　　　　行？

林主任：請問，過去總務處有關工友的工作考績，是如何辦理
　　　　的？有哪些流程和經驗可以參考？

陸組長：報告主任，以往總務處打工友的考績，主要是訂有
　　　　「工友考績辦法」，我們會依據工友考績辦法，成立
　　　　考績委員會，由總務長擔任主席，處室五位組長擔任
　　　　委員，工友臨時選出五位擔任委員，負責工友的考績
　　　　事宜。

林主任：哦！這個辦法和制度執行之後，有沒有什麼問題呢？

陸組長：大問題倒是沒有，小爭論就不斷。

林主任：了解，時間緊迫，就依往例實施吧！

　　　總務處工友的考績會議結束之後，林主任經常接到工友抗議的電話，流言蜚語不斷。

行政議題

一、工友的工作職責

　　在機關學校單位，由於發展上的需要，都會配置工友職位，早期單位的工友多半是由退伍軍人擔任，或者是由公部門的單位配置，負責單位的安全、勞務、勞動等工作。由於工作特殊、人員特別，行政人員戲稱工友為「副校長」或「副首長」，以示別樣的尊重。

二、工友的考績制度

　　機關學校針對工友都會設置「工友考績制度」，以利在年終結束時，作為一整年的工作績效考核依據，規模比較大的單位會自行辦理工友的績效考核，中小學校由於編制比較小，會由幾所學校辦理聯合績效考核。工友的績效考核一般會比照公務人員，有考績甲等 75% 名額的上限，依據以往的經驗，考績甲等的工友不會感謝主管，考績乙等的工友會抱怨連連、牢騷不斷。

三、處室的考績制度

　　機關學校的處室考績，主要是用來考核學校人員一年來的努力，以及承辦業務上的績效。此方面，雖然公部門訂有各種考核辦法，然而在執行過程中，常常會有不同的聲音、不同的意見，讓處室主管感

到相當程度的困擾。此方面，建議針對機關的考績辦法，建立比較完整的制度。例如：工友的考績辦法採用「加減分」的制度，將加分的項目具體列出來，減分的項目具體陳述，提供讓相關人員了解。做對一件事加多少分，犯錯一件事減多少分，具體明確地列在辦法之內，以形成機關人員考績的標準。在年底進行績效責任考核時，只要針對人員的總分（滿分無上限）加總及核實，就可以進行績效考核。

四、考績不只是面子問題

學校機關對於工友的考核，常常受到批評或有不滿的情緒出現。當事人的觀點是「考績不是錢的問題，而是面子的問題。」考績被打乙等是一種多重的否定，感覺上很沒面子。其實，考績不僅是面子的問題，同時也是錢的問題，考績乙等的人員，當年只能領「半個月獎金」，而且同儕常常會拿來糗考績乙等的同事。擔任學校行政服務工作，針對考績的問題需要思考整個制度的合理性、制度實施的可行性，以及制度實施後的影響程度。

你可以精進

▲ ▲ ▲ ▲ ▲

一、工友的職稱須再三斟酌

資深的行政人員每每談起工友的名稱和職責，總有相當多的經驗分享。有一位行政界的前輩建議，應當將「工友」的職稱改為「服務員」以示尊重。工友的名稱改了，無損於在機關的地位，也不影響在機關的工作，但服務員的職稱具有提升尊嚴的作用。擔任學校行政服務工作，雖要避免在細節部分斤斤計較，但可以在細部方面做微調，對於行政運作有具體效益的作法，可以考慮做部分的調整。

二、在原有的制度下做改善

學校單位的人員績效考核，有關考績甲等部分，教師部分不受限於百分比的限制，職員工部分則受限於 75% 的限制。部分學校為了安撫被考核的員工，採用甲等輪流的方式，以杜人員的悠悠之口。此種因噎廢食的作法，對於單位的行政運作具有相當負面的影響，今年輪到甲等的同仁不必努力，就可以理所當然拿考績甲等，輪到乙等的同仁，再怎麼努力都會拿乙等。此種現象，形成大家怠惰的狀況。因此，如何在單位人員績效考核制度下，做辦法的調整與作法的微調，需要行政人員多費一點心力。

三、提升效率應從改變做起

上述有關人員的績效考核方面，建議從制度面的修改做起，針對績效考核制度，擬定一些可行的辦法，例如採用「甲等申請制度」、「績效換算成分數制度」、「績效加分與減分制度」等，透過原有考核辦法的實施，將相關人員的年度績效具體明確地計算出來。如果機關人員的績效分數差異不大，就再考慮回到原來的協商機制。

四、行政的領導從關懷開始

資深的行政領導流行一句話：「想要掌握一個人，要先掌握他的心。」意思是說領導應該要從關懷做起，關懷同仁、關懷同仁的生活、關懷同仁的家人、關懷同仁關心的人事物等，才能在領導理論中找到適合且適當的作法。上述學校案例，總務處的主管可思考應花多少時間將 40 位工友（服務員）掌握在手裡、花多少時間了解他們的家庭生活、花多少時間熟悉他們的家人，以及花多少時間在生日時送個溫馨的蛋糕以表達感謝之意。

6-3 定底價的技術

七五折校長

林主任：校長早安，這是學校今年度第一件修繕工程的招標案，恭請校長「定底價」。

黃校長：辛苦您了！定底價？什麼是定底價？怎麼定？該如何處理？

林主任：定底價的意思是針對學校年度預算書的額度，加上工程招標的公告等，在開標前定一個合理的價格，作為開標時廠商比價之用。

黃校長：那麼您覺得要定多少比較合理？

林主任：我們的預算書是 200 萬元，校長可以考慮實際的情況，參考我們之前的訪價情形來定一個底價，然後密封起來，等一下開標使用。

黃校長：那麼我看打個八折好了，就定 160 萬元，您看如何？

林主任：校長，千萬不可以。

黃校長：為什麼？

林主任：校長定的底價，儘量不要讓廠商猜中，或是和廠商的底價一樣，不然就麻煩了。現在的生意人都很聰明的，他們知道學校的預算書內容，會一直盯著學校的招標案，將各種學校招標案得標的情形記錄下來，然後換算成打折數，隔壁的吳校長就被廠商稱為「七五折校長」，每一個標案底價都是預算書的七五折。

黃校長：真假？

林主任：還有一個更慘的案例，縣內的江校長因為定的底價和得標廠商的底價一模一樣，被告到法院去，這個官司

> 來來回回打了好幾年，把江校長折磨得不成人形，慘
> 狀可想而知。
> 黃校長：那要怎麼定底價才能預防這些事情發生？
> 林主任：建議校長先把學校預算數打折，萬元以下的數目採用
> 　　　　「亂數表」的方式。然後，再密封起來交給我。
> 黃校長：感謝！這真是個好方法。

行政議題

▲ ▲ ▲ ▲

一、招標定底價的意義

　　學校單位的年度預算，在財物和建築方面的採購，都會有事先編列的預算，等相關單位或監督機制同意之後，學校就會按照預算書執行採購。需要公開招標的採購案，在擬定完整的採購規範之後，公開在學校網站或相關網站（例如：行政院公共工程委員會採購案網站）。在開標當天的會議，承辦單位必須準備機關首長或授權人所定的招標底價文書，等揭開得標廠商的標價之後（廠商的標價必須低於機關首長定的底價），承辦人就需要公布機關首長定的底價。

二、招標定底價的方法

　　機關學校招標案的底價，通常是由機關首長在開標前所定，或是由機關授權人員定底價。在定底價時，會先參考機關的年度預算書，了解當年度的預算數是多少，加上主辦處室承辦人員針對招標案的「事前訪價情形」，定一個比較合理的底價。因此，業務承辦人員要事先準備各種文件，提供定底價者作為參考。定底價者在定底價之前，要參考各種有效訊息作為參考標準。

三、招標定底價的技巧

　　校長或機關首長（或授權人員）定底價時，為了避免上述案例的情形，定的底價數和投標廠商的標價數一樣，導致各種後遺症，或者被戲稱為「七五折校長」等等窘境。比較理想的定底價方式，是在參考承辦人員提供的訊息文件之後，將學校預算書的數目先打折（例如八折）之後，萬元以下的單位用研究法的「亂數表」填寫數據，例如200萬元的預算，定底價時先打八折為160萬元，萬元以下的數字用亂數表中的「13496」，定的底價是「1613496元」，如此一來就不會有和招標廠商底價一樣的情形，也可以避免不必要的困擾。

四、招標定底價的策略

　　在招標定底價時，為了避免產生不必要的困擾或後遺症，定底價者要運用各種定底價的策略，包括開標前一刻定底價，底價文件除了寫阿拉伯數字外，也要標註大寫的國字。例如：底價1613496元（壹佰陸拾壹萬參仟肆佰玖拾陸元），可以作為開標時避免錯誤之用。此外，定完底價之後需要再三核實，簽名蓋章之後用不透明的信封密封起來，避免底價事先外洩的情形發生。

你可以精進

▲　▲　▲　▲　▲

一、依據授權大小定底價

　　機關學校採購案的執行，定底價是一個很關鍵的環節。承辦人員需要幫自己加註一個辦理招標案的備忘錄，避免在開標會議中產生不必要的困擾。如果校長在開標當天請假或可能外出的話，就需要事先請校長定底價，對於經驗欠缺的校長，則承辦人員應適度提醒校長注意事項。如上述案例，林主任提醒校長定底價的策略，避免成為七五折校長。

二、避免底價外洩的方法

在學校的招標工程中，底價外洩是不可原諒的事情，還需要承擔法律責任。擔任學校行政工作，在重要的案子中，承辦人員除了需要有保密責任外，也應該透過各種策略預防底價外洩。在避免底價外洩的方法方面，包括開標會議前五分鐘定底價、定底價時閒雜人等迴避、定底價之後文件密封、採用亂數表定底價等，都可以避免底價外洩，導致不好的後遺症。

三、參考訪價時價定底價

學校單位主管和行政主管，在面對各種招標案時，本身並非各種採購物件的專業人員。因此，承辦人員需要提供招標案件的「訪價報告」，讓定底價的主管作為參考之用，如果是校舍營造修繕的話，需要提供建築師的建議底價意見書等。從事學校行政服務工作，在面對各種招標案時，除了繁瑣的招標文件擬定之外，還需要面對廠商各種非理性的要求等等，因而需要有一套完整的制度，建立行政監督系統。

四、建立定底價制度機制

定底價是學校機關招標案重要的關鍵，承辦人員應該針對學校的特性和招標的慣例，建立一個完整的模式（或制度），作為執行招標案的參考標準。避免在執行招標案時，採用「依據經驗行事」法則，如此容易在忙碌的行政服務生涯中，因為一時的疏失導致無法收拾的後果，此也正是一般教師不願意擔任行政工作的關鍵因素之一。

6-4 交接清冊的運用

您少來這一套？

黃組長：林組長！恭喜您即將升官，榮調到另一個單位，展開新的旅程！

林組長：感謝您的恭賀，也感謝您多年來的協助與幫忙！我只是換單位服務而已，談不上什麼升官啦！

黃組長：您太客氣了，誰不知道您的表現優異，績效是最好的，因此升官也應該的。

林組長：感謝您的嘉許啦！

黃組長：您即將離開處室，處室的公積金 5 萬元還沒有交接給我，請問什麼時候比較方便交給我？

林組長：公積金，我不是上星期就交給您了嗎？

黃組長：沒有呀！您只做業務上的交接，並沒有交接公積金給我呀！

林組長：上個星期我交接公積金給您時，您當時在講電話，還跟我說沒有問題呀！我記得清清楚楚的！

黃組長：您不能這樣呀！公積金有 5 萬元呀！您不能離開還帶走呀！這是大家的公積金呀！

林組長：可是，我明明已經交給您了呀！

黃組長：(提高聲量) 明明就沒有，我從沒有收到您的什麼公積金！

主　任：怎麼了？你們在吵什麼？這麼大聲嚷嚷！

黃組長：主任！您來的剛剛好，請您主持公道！林組長升官要離開，有一筆公積金 5 萬元沒有交接，還賴帳！

主　任：林組長！是這樣嗎？

林組長：報告主任，我上週辦理交接時，就將 5 萬元的公積金
　　　　交給黃組長了，他一直說我沒有交給他！

主　任：你們公說公有理、婆說婆有理，我還真無法分辨是
　　　　誰的問題！

黃組長：主任！林組長真的沒有交給我！這 5 萬元我可賠不
　　　　起！

林組長：主任！我確實有交接給黃組長，當時他正在打電話，
　　　　而且還在我的交接清冊上面簽名，您看這是他簽的名
　　　　字。（林組長從公事包中拿出交接清冊）

黃組長：唉呀！可能是我忘了，真是對不起啦！

林組長：哦！沒有關係，您可能太忙了！

　　林組長想，這麼重要的事情，您都會忘，真想和我玩這一套，
您還太嫩了點吧！

行政議題

一、交接清冊的意義與運用

　　擔任行政服務工作，需要了解自己的職責，以及承擔的行政工
作。當有一天離開處室或更換行政工作時，為了服務工作的延續，最
好能針對工作性質，寫一篇「業務執掌說明表」，讓承接業務的人員
可以儘快地進入狀況。交接清冊主要是將自己承辦的業務，以及負責
保管的財物、器材，透過「造清冊」的方式，交接給新接任的同仁。

二、不同的職務不同的清冊形式

擔任不同的職務，擁有不同的行政責任。因而，當行政職務調整或輪調時，需要透過交接清冊的擬定，釐清行政責任與業務的範圍。例如：擔任校長有任期制，任期屆滿時調離原校，需要請學校相關人員造「交接清冊」，讓新接任校長了解學校的狀況、目前的發展情形等；如果擔任行政人員，調離原處室或工作崗位時，就需要針對職務造「交接清冊」，讓接任的行政人員掌握業務狀況，了解哪些是「已辦」、「待辦」、「未辦」等。

三、交接清冊要記錄業務詳細狀況

交接清冊除了提供工作性質與範圍，同時也釐清目前的業務狀況，讓接任的人員可以掌握目前的工作進度，可以立即做工作的交接。此外，可以釐清離任人員與接任人員的行政責任，例如：有一個研究計畫案，原本負責的人員進行到哪一個階段，接任者可以掌握未來的研究進度，未來如果這個計畫案出狀況時，可以釐清誰應該要負責任的問題。

四、交接清冊需要詳細記錄重大事件

以上述案例為例，由於林組長升職要離開原來的處室，除了業務上的交接與工作的移交之外，還有一筆公積金的移交。由於林組長的細心與負責，特別將交接的業務、工作的進度、財物的狀況等，透過交接清冊的方式轉交給新任的黃組長，由於黃組長剛新任而表達林組長並未將公積金移交事宜，所幸林組長擁有交接清冊，足以證明已經將公積金交接，否則的話就百口莫辯了。

你可以精進

▲　▲　▲　▲

一、善用交接清冊作為護身符

在交接新職務時，請求對方出具交接清冊，做業務的交接與財物的轉移，有助於接管業務，同時能快速地掌握現有的業務。因此，要求業務交接人員出示交接清冊，是行政業務天經地義的事。如果遇到對方不願意（或態度強硬）出示交接清冊的話，新任人員就可以透過「無交接清冊」釐清行政責任。

二、交接清冊的註記越詳細越好

處理交接清冊時，需要遵守原則：「該記的一定要記，不該記的不可以記。」重點應該放在業務的接交、財物的交待、事件的辦理等，一來提供新任人員快速接任的契機，再則釐清行政服務工作的承擔責任。因此，業務的交接清冊需要越清楚越好，而且要請相關人員在重要之處簽名畫押以示負責的態度。

三、工作職務的交接要清楚負責

擔任行政服務工作，除了要勇於承擔之外，也應該要有負責任的態度，讓行政服務工作成為一種情懷，一種關心他人的事業。當行政服務工作異動時，需要將職務交接清楚，讓新接人員可以立即上手，避免服務工作因為交接而中斷。案例中的林組長，由於交接清冊處理得相當清楚，在緊要關頭反而幫了自己脫困，證明在交接時有將公積金交接給下一任，交接清冊上面不僅有清楚註記，還有交接人簽名畫押的紀錄。

四、交接清冊的處理模式與實踐

交接清冊的內容與運用，對於行政服務人員有正面的幫助，當職務異動時，或是接任新工作時，交接清冊可以提供職務方面的訊息，也可以釐清必要的責任。有關交接清冊的處理與實踐模式如下：

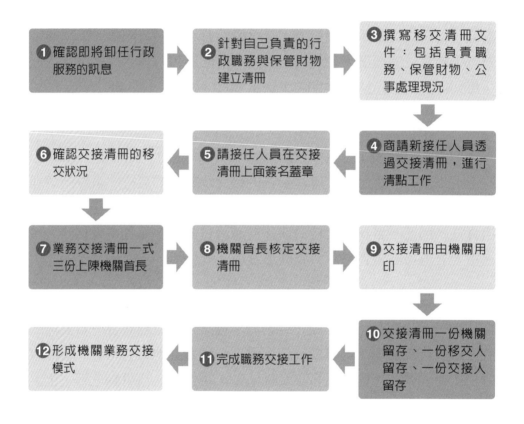

6-5 驗收與訣別

驗收與判刑三年半之真實故事改編

2003 年 9 月 15 日 02：49，林教授的手機鈴聲響個不停，由於是凌晨時間，周遭特別安靜。因而手機的鈴聲也特別的刺耳。這麼晚了，究竟是誰還打手機來，是來搗亂的？還是有什麼大事？睡前應該要將手機關掉的，真是擾人美夢。林教授受不了手機鈴聲的干擾，迷迷糊糊地接起手機。

....

林教授：喂！哪一位？

來電者：老師！是我啦！來電者泣不成聲！

林教授：怎麼了？這麼晚？先去洗一把臉，冷靜了，再打來！

....

原來是去年畢業，今年考上教師甄試在某縣市服務的學生，怎麼這麼晚了，還打電話來，一點禮貌都沒有。林教授私下嘀咕著！

....

來電者：老師，對不起！這麼晚吵您！我不想活了，特別打電話和您告別。

林教授：厚！今年才剛考到正式教師，簡直是人生勝利組，有什麼想不開的？你不想活，也等天亮再打來。

來電者：對不起啦！因為我已經好幾天睡不著了，想不出好的方法，在跳樓前想到您上課講的話，想說打個電話給您。

林教授：是怎麼了？那麼想不開？

來電者：檢察官判我三年半的有期徒刑，這一判刑我的工作就丟了，我怎麼辦？

林教授：你弄錯了啦！檢察官只能求處三年半，眞正判刑的是法官才有權力。

來電者：那不是一樣嗎？

林教授：你是殺人還是放火？怎會搞到求處三年半的徒刑。

來電者：我到服務的學校，校長就要求我驗收剛蓋好的學校圍牆，結果過不久圍牆倒了，壓死了一個學生，我要負刑責。

林教授：收到，先別急著跳樓，我幫你找最好的律師打官司，應該不會有事。

2003 年 9 月 16 日 08：30

林教授：尹校長您好，我是貴校陳○○老師的指導教授，感謝您對陳○○老師的關懷指導。

尹校長：哦！我對學校每一位老師都是一視同仁的。

林教授：一視同仁？陳○○老師初來乍到，您就欺負一個新手上路的老師，讓他被檢察官起訴，這就叫做「一視同仁」？

尹校長：沒有呀！因爲原來負責的老師調走了，陳○○老師接他的業務，擔任工程驗收的工作，這是正常的，我怎麼知道學校新蓋的圍牆會倒下來壓死孩子？

林教授：這就是您的不對，怎麼可以找一位新手教師負責這麼大工程的驗收工作，陳○○老師在學校工程時期，一來沒有參與，二來對工程不熟，您這不是欺負新手，什麼才是欺負新手。

尹校長：眞是抱歉啦！學校現在正爲此事而傷腦筋，家長方面要安撫，工程單位要求償，學校還眞是一團亂。

林教授：我會幫陳○○老師找最好的律師幫忙打官司，學校這邊就拜託您處理，尤其是陳○○老師的情緒安撫。

尹校長：對不起，陳○○老師方面，學校一定會立即處理。

　　這是一件多年前的往事，後來陳○○老師被判無罪，現在仍在學校服務中。承包的廠商被檢察官起訴。處理行政業務真的要相當謹慎，避免一失足成千古恨，導致無法收拾的後果。

行政議題

一、學校工程的驗收意義與實施

　　學校單位的採購工程，主要是針對學校年度發展的需要，編列預算書之後，經過上級單位同意，學校進而執行採購事宜，在採購時依據經費的多寡，遵循公開招標的流程，由得標的廠商進行營繕工程，或是提供學校採購的產品。在廠商完成營繕工程之後，學校採購人員就需要依據招標所訂的規範，進行採購工程或物品的接收及驗收工作。

二、學校採購與驗收之相對關係

　　學校單位的年度採購工程，一般是由需求單位（例如：教務處）依據年度預算書，提出採購上的申請。如果經費超過《採購法》的標準（例如：超過 10 萬元），就需要依法上網公開招標，由學校負責的處室單位擬定招標書，在規定的網站提出招標公告。提出採購申請的單位，需要依據需求制定採購規範，作為後續驗收之標準。例如：上述案例中的學校圍牆，在招標書中會透過建築師擬定圍牆的規範，作為驗收工程時的標準。

三、學校工程驗收人員及其職責

依據相關的規定，學校招標工程會由提出採購單位（或處室）負責驗收工作。本案例中的學校圍牆建築，依據常理研判應該是屬於委託建築師的職責，由相關的建築師進行規劃，完工之後再由建築師負責驗收的工作。由於原來負責採購的教師調離服務學校，讓新進教師且剛接行政工作業務的新手負責驗收工作，自然是有違常理且不適合。

你可以精進
▲　▲　▲　▲

一、擔任各種行政工作應先熟悉職責

擔任學校行政服務工作，涉及重要的業務（例如：採購），需要針對職務花時間熟悉職責的內容以及範圍。必要的時候，應該針對職責寫成「備忘錄」，隨時提醒自己在職務執行時需要注意的要點，而在驗收過程中則要針對招標的規範，做專業上的檢查。

二、有關驗收的流程需要嚴格遵守

學校單位的工程驗收，屬於相當專業的部分，並非一般教師或行政人員可以擔綱。因此，行政業務中有關的營繕工程或重大招標案，最好能成立工程委員會（或驗收委員會），透過專家的協同驗收方式，確保工程驗收的品質。本案例中的陳老師，由於初任教師且行政經驗欠缺，由於接收離職教師的行政業務，針對學校圍牆建築工程做驗收，後來由於圍牆倒塌壓死學生，而被檢察官起訴，導致心情不好想跳樓等事宜，實屬於學校招標驗收不當的案例。

三、擔任行政業務宜有婉拒的勇氣

　　擔任學校行政業務時，對於自己陌生的領域，或是接行政業務階段，有不熟的項目時，行政人員有對單位主管婉拒的權力。本案的陳老師，由於初任教師且對學校營繕工程不熟，當校長指定陳老師去擔任驗收時，陳老師應該婉轉向校長報告自己的難處，請校長商請其他比較有經驗的教師擔任工程的驗收工作，等來日自己對於學校營繕工程熟悉之後，再擔任其他項目的採購與驗收工作。

四、學校招標工程驗收的模式與實踐

　　學校單位的招標驗收工程，應該依據採購招標的規準，進行行政業務上的驗收，有關招標工程驗收，參見下列模式：

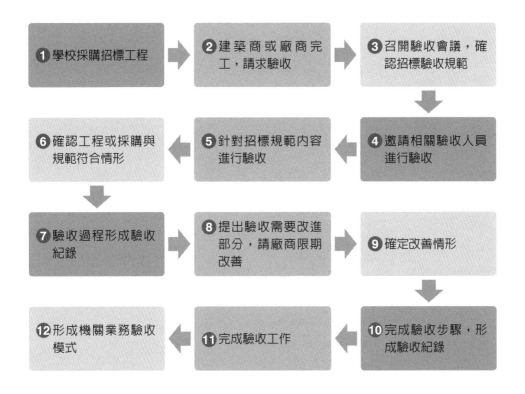

6-6 讓專業回歸專業

招標開標會上的應變

　　2021 年 8 月 5 日小學開標會上，由學校校長主持的「專科教室營繕工程開標會議」，陪同出席者有學校總務承辦人、教務主任、學務主任、家長會長、專業人士、社區公正人士、建築師、投標廠商等。

⋯⋯⋯⋯⋯⋯⋯⋯⋯⋯⋯⋯⋯⋯⋯⋯⋯⋯⋯⋯⋯⋯⋯

黃校長：本校各處室主任、建築師、各家廠商、各位女士先生，感謝大家對學校專科教室營繕工程的支持，今天是開標會議的日子，請承辦處室先說明一下。

總務柳主任：大家好，本處室承辦學校專科教室營繕工程招標方案，在學校上網公告之後，有三家廠商投標，經過審查程序，三家廠商都符合投標資格，本校依法辦理召開「專科教室營繕工程開標會議」。

黃校長：感謝柳主任與處室同仁的辛勞。接下來，請依法開標。

柳主任：感謝大家，今日來投標的廠商總共有三家，經過學校及專業人員的審查，都符合投標資格。第一家廠商投標價五千六百二十一萬元；第二家廠商投標價五千六百二十一萬元；第三家廠商投標價五千六百二十一萬元。

黃校長：三家皆高於底價。

柳主任：請進行第一次減價。

5 分鐘後

柳主任：經過三家廠商第一次減價結果，第一家廠商投標價

五千五百二十一萬元；第二家廠商投標價五千五百二十一萬元；第三家廠商投標價五千五百二十一萬元。

黃校長：三家皆高於底價。

柳主任：請進行第二次減價。

5分鐘後

柳主任：經過三家廠商第二次減價結果，第一家廠商投標價五千五百萬元；第二家廠商投標價五千五百萬元；第三家廠商投標價五千五百萬元。

黃校長：三家皆高於底價。

柳主任：請進行第三次減價，這已經是最後一次減價了，請好好把握。

- -

　　柳主任在黃校長耳邊輕輕地說，我看這三家廠商是來亂的，先說好怎麼減價，減多少，如何減，這下子我們麻煩了。黃校長向柳主任表示不必緊張。

- -

5分鐘後

柳主任：經過三家廠商第三次減價結果，第一家廠商投標價五千四百五十萬元；第二家廠商投標價五千四百五十萬元；第三家廠商投標價五千四百五十萬元。

黃校長：三家都進入底價。

柳主任：校長，三家都進入底價，而且標的價格都一樣，怎麼辦呢？

黃校長：柳主任，現在打電話到行政院公共工程委員會，請教一下承辦人，就讓專業回歸專業。

柳主任：喂！行政院公共工程委員會嗎？我這邊是臺南市安樂國小（化名），學校「專科教室營繕工程開標」結果

> 三家廠商三次降價的標價都一樣，而且都進入底價，
> 請問我們該怎麼處理？
>
> 承辦科長：依據相關的法規，我們建議用抽籤方式決定。
>
> 柳主任：這樣哦！請問您是哪一位。
>
> 承辦科長：我是承辦的侯正義科長（化名），分機 3368。
>
> 柳主任：感謝科長。

　　柳主任立即在會議紀錄上面標示，2021 年 8 月 5 日 10：50 開標會議，由於三家廠商得標的價位一樣，在請示行政院公共工程委員會侯正義科長之後，侯科長指示用抽籤方式決定。

行政議題
▲ ▲ ▲ ▲

一、面對各式各樣的廠商需要智慧

　　俗諺「無奸不成商」，主要意思是說商場還比戰場複雜，一個商人如果不用各種策略方法，怎可能在商場獲益且立於不敗之地。學校單位的行政業務，接觸廠商的機會相當多，如何和廠商應對進退不失據，需要行政人員更多的臨場經驗與行政智慧。本案例中，三家廠商到學校參與招標工程，事先講好招標底價以及減價的幅度，顯然是針對學校而來。不管廠商的用意何在，是在修理學校，或是讓學校難堪，承辦人員和學校主管都需要虛心以對。

二、主管人員需要培養臨場反應智慧

　　依據相關的研究觀察，學校行政單位變數最多之處，在於各種採購招標會議上。因此，擔任學校主管時，需要培養各種「臨場反應智慧」，才能在各種會議上臨危不亂，以「適合適性」的策略應對。本

案例中的廠商，在投標之前私下協商，開標會議上要給學校難堪，不管廠商的目標是學校校長或是承辦人，都會讓學校人員束手無策。黃校長的臨場反應，以「讓專業回歸專業」的方式，面對來自廠商的壓力，化解當場的僵局。

三、從他人的經驗中學習教訓

　　黃校長在開標會議上的反應，恐怕不是短時間就可以形成的，一定經過相當時間的歷練，或是經過多次的反思，才能養成臨危不亂的習性，不慌不忙地面對廠商有形無形的壓力。因此，承辦各種學校行政業務，有需要針對業務的執行，養成學習成長的習慣，從他人的經驗中學習，轉化成為自己的專業行動，未來在各種場合中，才能冷靜以對。

你可以精進

一、服務工作既要專業還須冷靜

　　從事各種單位的行政服務工作，除了要有專業能力之外，也應該要養成冷靜以對的態度。學校單位的《採購法》，是行政院公共工程委員會制定的，則該單位對於法規的執行，一定有專業人員負責，當學校執行《採購法》遇到各種難題或困境時，理所當然請示公共工程委員會的人員，進而決定適合的作法。

二、從實際經驗案例中學習成長

　　俗諺：「行政工作的案例經驗不會重疊，但可以轉化成經驗模式。」意思是說，學校行政工作的各種案例發生，沒有一定的規則可以遵循，但是透過相關經驗的觀察學習，可以轉化成為各種應變的經驗模式。例如：本案例中的黃校長，在過去的總務主任經歷中，一定

歷經各式各樣的學校採購案，或是從同儕的經驗中，反思各種應變的措施，當自己面對採購招標難題時，過去的經驗模式就可以轉化成為臨場智慧。

三、將各種原理原則轉化成為策略

　　本案例的「讓專業回歸專業」原則，應用在學校招標採購案時，當遇到廠商各式各樣的為難時，就可以透過諮詢的方式，請示行政院公共工程委員會，讓承辦人說明「因應之道」，作為學校採取的依據標準。承辦的柳主任在招標會議紀錄上標示「在請示行政院公共工程委員會侯正義科長之後，侯科長指示用抽籤方式決定。」可以作為日後有疑慮時之查考，此種作法可以提供行政人員作為處理棘手業務的參考。

七
例行公事

7-1　差一點點關係可大了

才差 0.1 有什麼關係

師傅：我的好徒弟呀！我真的會被你害死。

徒弟：師傅，怎麼了？

師傅：你還好意思說怎麼了？

徒弟：師傅呀！有話直說嘛！

師傅：昨天你發的公文，我沒有注意看，結果出了大紕漏了。

徒弟：哪一份公文呀！

師傅：就是全國小學教師班級人數編制的那一份公文，本來是 1.52 的，你怎麼寫成 1.53 呢？

徒弟：師傅呀！我想每年都寫 1.52 好無聊，真沒有創意。所以，閒著無聊就改成 1.53。

師傅：閒著無聊，這個班級教師編制是固定的，和一般的公文一樣，怎麼可以隨便改來改去的。

徒弟：才差一點點而已，多了 0.01 有什麼關係？

師傅：你還敢講有什麼關係，你知道明年全臺灣小學教師多了一千多位嗎？我們到哪裡去籌這多出來一千多位的薪水經費？

徒弟：有那麼嚴重嗎？

師傅：你才知道有多嚴重，這一下子至少一支大過逃不掉了。

徒弟：啊！我不是故意的。

師傅：你還是有意的，真被你害死了。

這是一則真實故事改寫，由於行政人員在處理公文時，不了解編制人數的意義，在原有的編制人數上面多加了 0.01，結果當年全臺灣的小學教師，多出了一千多位。身為單位行政承辦人員，不可以不謹慎。

行政議題

▲　▲　▲

一、行政編制差一點點差很多

行政單位的職責與義務當中，有一些議題是不可以隨便更改的，需要有法源基礎，或者相關的辦法修正，才能依法進行調整。例如：學校單位的人員編制、經費預算、組織員額等，都是固定且有法源基礎的，如果要調整的話，需要經過相關機關的修法，或是修改相關的辦法。行政服務人員在處理各種行政編制時，不可以依據個人的想法或意見做任何的調整，以免影響機關的編制。

二、行政服務運作需要特別謹慎

學校單位的行政服務，不管在人員編制方面，或者是權責方面，都是經過嚴謹的立法單位，或是銓敘部單位的審定，依據單位存在的需要，而制定編制與人員。上述案例，主管小學教師編制的公務人員，由於自己對編制的不熟，大筆一揮改了小學教師的編制，將 1.52 改為 1.53，雖然在數字差距方面不大，但影響全臺灣小學教師的班級編制問題。

三、行政單位的公文書需要更嚴謹處理

擔任行政單位的服務人員，在處理公文書時，需要以嚴謹的態度處理，不可以僅憑自己的經驗或想像，隨意更改原來的組織編制，以免影響單位機關的運作；負責公文審核與核定的機關首長（或主管），也應該要層層把關，避免因為承辦人員的疏失，而影響整體機關的組織編制問題。

你可以精進

▲ ▲ ▲ ▲ ▲

一、單位公文書的創意要用對地方

　　從事行政服務工作，不僅對於自己負責的工作需要謹慎加以因應，同時在處理各種公文書時，也應該嚴謹地層層把關。雖然行政服務工作需要更多創意策略，但創意策略的運用應該要放在對的地方。如果因為個人的疏失，或是臨時起意而導致機關的損失，其後果不是任何人可以承擔的。

二、建立各種行政管考系統作為監控

　　學校行政單位為了避免服務人員的更替，而發生行政疏失的現象，通常會依據機關的性質，建立各種有效的管考系統，或是各種監控系統。例如：學校單位年度人員的薪水呈報，涉及不同教師的薪水等級與考核晉級問題，不同的行政人員如果不了解學校教師的薪水職級，就容易在呈報薪水時出現問題。

三、建立行政流程提醒機制與警示系統

　　行政服務的固定流程，需要更多的警告系統與警示系統，以避免行政人員更替，或是業務交接而產生各種失誤，導致人員或機關的損失，影響機關的威信等。因此，在從事行政服務工作時，應該透過電腦資訊建立行政流程的提醒機制和警示系統，讓行政人員在處理各種文書報表時，有更多考慮的機會。例如：學校款項轉帳系統，在轉帳之前要有「一再提醒」的警語，避免操作人員的失誤。

7-2　在細節處用心即是專業

學校警衛救了小女孩全家

　　和平國小（化名）是一所位在市中心的小學，全校約有三千名學生，屬於大型學校，每天早上上學與下午放學時間，家長接送小孩時，經常造成馬路堵塞的現象，學校在學生上下學的管理方面費盡心力，但效果仍然有限。負責警衛安全的老張，在這一所學校服務超過 20 年了，對於學校的動態狀況、一草一木、形形色色，相當的熟悉且印象深刻。這一天，老張很緊張的打了校內電話給四年六班的陳老師。

老　　張：陳老師早安！今天小美沒有來學校上課？

陳老師：老張！是的，您怎麼知道？

老　　張：因為小美每天來上課，經過警衛室時都會向我道早問好，今天沒看到她來向我問好，我想是不是我沒注意看。

陳老師：哦！我想可能是家裡有什麼事，或者今天要請假。

老　　張：不可能的，小美從一年級到四年級，從來都沒有遲到過，也沒有請過假，是不是家裡發生什麼事？

陳老師：您不用緊張，我正在忙，等會兒我打電話問問看。

老　　張：要不然，陳老師，您給我小美家裡的電話，我跟她熟，可以幫忙打電話問問看。

陳老師：那好哇！她家裡電話是 7986310。

老　　張：謝謝！我來打電話看看。

　　老張從警衛室打電話，好一會兒，都沒有人接。老張心想怎會

這樣呢？反正我和小美的父母也熟，小美家離學校很近，我就近到小美家看看。

老張一到小美家，遠遠的就聞到一股瓦斯味道，老張趕緊打電話報警，消防隊與救護車及時趕來，強行闖入，將全家人送醫。

原來，小美的媽媽一早幫家人準備早餐，瓦斯外洩而導致全家昏迷，還好老張反應快，立刻報警，及時救了小美一家人。

事後，各大媒體記者訪問老張，想知道為什麼老張可以及時掌握訊息，救了小美全家人。

記者：老張，對於你的警覺救了小美一家人，我們都感到相當的佩服，您只是學校警衛，主要職責在於負責學校的安全防衛，您是在什麼情境之下，知道小美家裡出狀況，可以及時趕到而且報警，救了他們一家人。

老張：其實，我也沒有多大能耐。只是，我在這一所學校擔任警衛工作，已經有 20 幾年了。這一所學校相當大，光是學生就有三千多位，我怎麼可能記得住每個學生的姓名和樣子。

記者：那麼，你是怎麼知道小美家裡出狀況的？怎麼能第一時間到家裡探視狀況？而在第一時間報警的？

老張：因為這一所學校的學生，只有小美這個孩子，每天上學放學時，會到我的面前跟我道早問好，爺爺早安、爺爺再見，從來沒中斷過。而且，這個孩子很勤學，從來沒有請假過，我對她的印象很深刻。

記者：原來是這樣。

老張：那一天，已經過了上學時間了，我想這個孩子怎麼沒來向我問早，我就打了教室的電話問陳老師，當時陳老師在忙，當下我就要了小美家的電話，打電話到小美家

裡，可是沒有人接。我想，反正我也認識他爸爸媽媽，
家裡離學校很近，就順道去看一下，那知道家裡瓦斯外
洩，我馬上報警。

記者：老張！您真是大功一件，小美家的救命恩人！

老張：談不上啦！舉手之勞啦！

行政議題

一、行政業務需要在細節處用心

　　從事學校行政服務工作，除了平時固定的文書報表之外，也應該針對管轄的業務範圍，建立各種溫馨可行的策略，強化行政服務成效。例如：學校同仁的生日賀禮，除了編列致贈禮物的預算之外，可以在執行時加上各種可行的祝福策略如：加上校長及主管的祝福話語卡片，或是加上全校同仁的小卡片等。

二、行政業務在細節處用心即是專業

　　學校行政服務不管大小，或是各種細節，都需要行政服務人員發揮專業能力，提供大家精緻的服務。本案例中的老張，在學校擔任警衛工作 20 年，而且對於學生關心、關懷入微，能在細微處用心且掌握小學生的行為表現，才能在緊要的時刻，救了小美一家人。

三、學校應該建立各種管理考核機制

　　中小學校行政工作應該依據學校特性，建立各種管理機制系統，作為監管學校發展的參考標準。上述的案例，學生在上學期間沒有準時到學校，班級教師就應該要立即處理，了解學生沒有到學校的原因，如有需要的話就要立即處理，以避免憾事發生。還好，擔任警衛

工作的老張，由於平時對小美的觀察，研判小美和平時表現有異，立即採取行動而救了小美一家人。

你可以精進
▲ ▲ ▲ ▲ ▲

一、在行政服務之外建立各種服務機制

擔任學校行政服務工作，不僅僅只是將行政服務做好，或者準時將各種報表上傳而已，而是在服務的同時，能夠提供更為精緻細膩的服務。因此，行政不僅是一種工作，同時也是一種情懷，一種關心同仁、關愛同儕的專業情懷。在處理例行公事時，應該針對行政服務工作性質，建立各種服務機制。例如：上述的案例，身為學校行政服務人員，應該建議班級導師實施「每天點名制度」，確實掌握學生的出席狀況。

二、行政服務需要更多積極有效的關懷

學校行政不只是一種工作，同時也是一種關懷。在從事行政服務工作時，初期需要熟悉行政工作的範疇，再一段時間就需要建立更多積極有效的關懷制度（或系統）。上述的案例，提示學校行政人員與教師需要針對學生的各種情形，建立一種可行的、積極的、關懷的制度，提供師生更積極的服務。如果不是老張的機警，敏感地察覺到學生有異樣，加上積極的行動與立即處理的方式，可能就會形成另一種無法挽回的遺憾。

三、行政需要積極的策略與華麗的方式

　　行政俗諺：「行政工作很多時間不在於績效的建立，而在於過程中融入多少的情感。」意思是說，行政工作在僵化的制度中，需要有更多的人性關懷，關懷學校每一個人、每一位教師、每一位學生、每一個成員。上述的案例，小美的班級導師應該針對學生的出席狀況，建立一種有效關懷、立即行動的制度，以保障學生的學習出席狀況，而且掌握每一位學生的到課情形，而不是透過學校警衛的及時處理，才讓小美一家人免於罹難。

7-3 教育行銷的要領

30 元的輔導

教育也需要行銷嗎？會不會讓教育淪為商品化，讓教育成為生意人眼中的商機，將教育格調降低？

....

徒弟：師傅！請問為什麼教育需要行銷？這樣不會降低教育的格局和格調嗎？

師傅：為什麼有此一問？

徒弟：因為我們學校新來的校長，竟然要求我負責的處室要負責教育行銷，我真搞不懂教育為什麼要行銷？又不是什麼商品？

師傅：教育本來就應該要行銷，教育工作要與時俱進，跟得上時代。

徒弟：這！我就不懂了，時代在進步，教育也要跟進？為什麼要行銷？

師傅：當然囉！任何事情想做不必任何理由，不想做藉口一堆！

徒弟：敢問師傅，教育如何個行銷法？

師傅：教育要讓它看得見、聽得見、摸得到、感受得到！

徒弟：不解！願聞其詳！

師傅：先來個 30 元的輔導！

徒弟：？？？

師傅：附耳過來！如此如此，這般這般！

徒弟：了解（恍然大悟）

....

黃老師：郭太太、李先生，我是中山國小三年五班的新任導師，您的孩子郭可歆（化名）在學校表現相當好，原來的丁老師讚譽有加，未來的一年相信可歆一定可以表現得更好，讓我們為孩子的未來一起努力。

郭太太：唉！這個新來的黃老師，和以前的老師不一樣哦！以前的老師打電話來準沒好事，黃老師打電話來給我的感受很溫暖，他一定是個好老師。

　　中小學一個班級不到 30 位學生，新任的班導師一一打電話向家長問好道早花費不多，一來聯絡感情，再則進行親師溝通，總計費用不到 30 元，此為校務行銷的「一個 30 元的輔導」。

行政議題

一、透過有效策略的運用降低行政困擾

　　學校行政服務工作的推展，和每一位同仁的教學工作其實是息息相關的。如果教師的教學工作做得不好，和家長的關係處得不好，就容易增加行政處室的負擔。學校教師接一個新班級時，對於班級學生和家長的熟悉和認識，需要一段時間的積累，教師可以先和原來的導師交流，了解並掌握這個班級的學生和家長的各種風格，作為未來班級經營管理的參考。當教師的行銷工作做得好，教學工作順暢時，就不會因為家長的抗議而增加行政的負擔。

二、行政單位應該作為教師教學支持系統

學校行政和教師的教學工作，應該建立合作協同的關係，行政工作人員應該隨時提供教師有效可行的策略，引導教師提升教學效能。如同上述案例，新學年新學期，擔任班級導師的教師在接到新的班級時，如何進行教育行銷工作，需要行政人員提供教師有效的方法，分享優質的經驗作法，一來提升教師的行銷能力，再則增進家長對學校的認同，同時提高學校的能見度。

三、以學生家長為本位的教育行銷策略

傳統的社區家長和學校發展關係是相當疏離的，而且彼此關係的建立需要更多的實踐。社區家長對於學校的運作與發展，多半是憑著經驗、藉著想像，理解學校「在做什麼」、「會做什麼」、「能做什麼」等方面的現況，而不是對學校有真實的了解。因此，家長與學校之間難免存在各種隔閡，在認知與作法方面有各種差距。學校教育的行銷工作應該以家長為本位，了解家長的期望，掌握家長的需求，將學校的各種訊息送到家長的手中，才不會因為關心過度，成為對學校發展的阻力。

四、建立家長是學校教育合夥人的關係

學校的發展與運作，應該避免存有「敝帚自珍」的不當心理，或者是「關門辦教育」的不當作法。學校行政人員應該了解教育需要哪些合夥人的參與，除了學校主管、教師、學生，還需要社區人士、家長、社會大眾的參與。唯有關注合夥人的需求與期望，才能讓學校教育發展更長遠。辦理學校行政服務工作，擬定各種發展計畫時，記得將家長納入學校教育合夥人，提供家長和各界人士的參與，才能讓學校行政運作更為順暢，學校發展更為長遠。

你可以精進

▲ ▲ ▲ ▲

一、教育不但需要行銷還要長銷概念

　　傳統的教育觀念，認為教育是一種神聖的事業，和一般的商業行為不一樣。商業是一種買賣的行為，需要各式各樣的行銷，不同樣式的包裝，而教育是一種不可取代的事業，需要教師的專業開展，完成教育的神聖任務。隨著時代的遞嬗，社會潮流的演變，教育行銷的時代已然來臨，需要教育工作人員改變傳統思維，透過各種策略方法行銷教育，讓大家都可以看見學校教育的亮點。

二、教育行銷與商業行銷有所不同

　　商業行銷的主要目的，在於將產品賣出去；教育行銷的主要目的，在於讓大家看見教育的亮點。二者有其相同點，也有其差異點。前者主要目的在於透過各種手法，讓大家了解商品的特性、優點等，作為購買商品的參考依據；後者在於透過各種行銷方式，讓大家了解教育的發展情形，掌握學校教育的實施成效等。

三、行政人員應該要善用行銷手法

　　學校行政服務的行銷，主要的用意在於將學校的特色，透過各種策略與方法，讓關心教育的人士了解學校的教育，欣賞學校的特色等。例如：新任導師與家長之間的溝通、學校處室主任與社區之間的互動、學校人員與上級單位的聯繫等，都需要透過各種行銷手法，讓對方了解學校的發展績效，掌握學校的各種亮點。

四、學校教育行銷的模式與實踐

　　學校行政業務的實施與推展，需要配合各種行銷的手法，才能讓各界人員了解學校的發展和年度的績效，透過行銷模式的運用，有助

於提升學校的知名度，展現學校的各種亮點。有關學校行銷的模式與
實踐，參考下列模式：

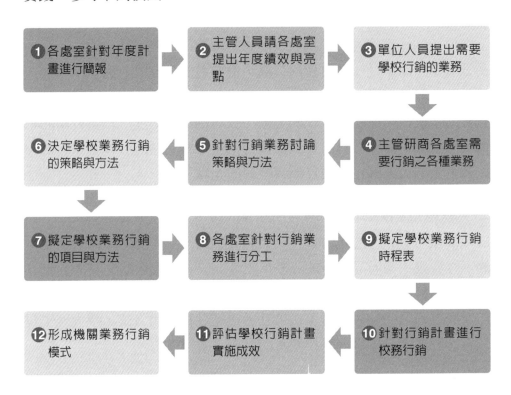

7-4　運用創意的點子

手心朝上與朝下的哲學

　　這是一個真實故事改編，寫的是一位教師的創意，感動了知名企業家的故事。高○○先生是國內有名的企業家，年輕時候家裡貧窮，一窮二白、家徒四壁，從白手起家創業到成為大企業家，事業經營得相當成功，躍升國際品牌並成為富豪。

　　高先生為了回饋社會，鼓勵年輕人努力工作，並經常透過各種機會，以現金、物資、產品等各種形式，回饋給機關團體、慈善機構、個別家庭等，大家紛紛給高先生冠上「慈善家」的稱號。

　　在偏鄉國小服務的張老師，有感於偏鄉學校設備有限，希望提供偏鄉學生一個比較好的學習環境，因此想要添購一架鋼琴作為學生音樂課上課之用。經過訪價之後需要 15 萬元，但學校的經費預算有限，無法為偏鄉的孩子添購一架鋼琴。

　　張老師在忙碌的教學生活中，左思右想、左盼右盼，每天的心思都放在如何幫孩子添購一架鋼琴，提升孩子對音樂的學習興趣。有一天，從報紙上看到高先生樂善好施的社會新聞，張老師靈機一動，決定寫一封信給高先生，內容是久仰高先生的成功事蹟、對社會的回饋情懷等，並表達自己對偏鄉音樂教學的心願，如果可能的話，請高先生捐一架鋼琴給偏鄉孩子一個學習音樂的機會。

　　將自己的音樂教學心願寫成信之後，張老師就將信寄到新聞報導上的地址，希望樂善好施的高先生能看到這一封「一位偏鄉音樂老師的小小心願」信件。張老師自從寄出信件後，每天盼呀盼的終於盼來高先生的回信，信件附上一張一千元的支票。

　　張老師將一千元的支票兌現之後，買了蔬菜的種子，指導學生利用學校後面的空地，將蔬菜的種子種下，將每年豐收的蔬菜拿

到市場上賣，才幾年的時間就籌到了 15 萬元的經費。當新的鋼琴送到學校來時，全校師生相當雀躍，張老師將種菜的過程記錄下來，也將新鋼琴到校時全校師生的情形記錄下來，寫了一封信給高先生。

高先生回信了，信中表達每一年來信要求捐贈的信件相當多，他都依慣例每一封信給一千元的臺幣支票，很多人都沒有下文，只有這一位張老師將高先生的一千元捐贈透過創意的策略，為自己籌到買新鋼琴的 15 萬元，並且回信給高先生。這個舉動讓高先生很感動，表示未來如果張老師在教育上有需要的話，高先生願意隨時提供捐款，幫助學校完成各種心願。

從上面這一件事的始末，您想到什麼？給了您什麼樣的啟示？

行政議題

一、行政上的手心向上意義

學校行政工作的「手心向上」，指的是行政人員由於學校發展上的需要，透過各種管道，向各級機關要經費，要求各方面的補助等。因此，在行政服務工作時，需要撰寫各種的計畫，提出各種形式的補助計畫，以期為機關帶來更多的發展契機。因此，行政主管就需要向相關單位伸手要經費、要補助、要接濟等，此為手心向上行政之意義。

二、行政上的手心向下意義

學校行政工作上的「手心向下」指的是行政人員在學校發展時，能透過各種創意的策略，為機關帶來更多的經費，以及更多行政上的效益，而不必向相關單位或上級單位伸手要經費或要補助。因此，

從事行政服務工作不必仰人鼻息，也不用看上級單位主管的臉色，可以透過機關的各種創意，為單位帶來更多的生機，帶來更多的發展效益。

三、行政上的創造力之意義

行政俗諺：「行政工作是固定的、僵化的，可是作法是活的、生動的。」意思是說行動服務工作因為各種法規和制度的規範，所以工作的法條是固定的，但是服務工作的實際作法是需要靈活的。有時候，在處理行政服務工作時，需要花一點點心思在作法上，為僵化的行政工作帶來更多的契機，更多的發展機會。

你可以精進
▲ ▲ ▲ ▲

一、行政作法需要化腐朽為神奇

在學校行政服務工作時，需要發揮相關的創意，讓服務工作可以提升效率，同時也可以提高行政績效。例如：上述案例的張老師，想要為偏鄉的學生添購一架新的鋼琴，以提升學生對音樂學習的動機。張老師寫信向企業家高先生表達自己的想法和期望，所得到的是高先生例行的一千元臺幣支票，一千元的費用離 15 萬元的經費，差距是相當大的。可是，張老師並沒有灰心而放棄初衷，而是透過自己和學生的努力，運用學校現有的優勢，將一千元購買蔬菜的種子，利用學校後面的空地種菜，並在蔬菜成熟時送到市場販賣，慢慢地籌到 15 萬元的費用。

二、在原有優勢中找出可行的亮點

雖然學校行政服務工作比較偏向僵化的歷程，然而行政服務人員可以在學校現有的優勢中，找出可以發展之處，將學校發展亮點發光

發亮。如同上述案例中，張老師將自己和學生把一千元轉化成爲 15 萬元的創意歷程一一記錄下來，並寄給高先生，和高先生分享師生的努力過程。因此，贏得企業家高先生的青睞，願意在未來的學校發展中，給予更多的支助。

三、將燈火提高可以照亮更多的人

　　這一句俗諺的意思是說，想要發揮影響力，就需要將自己的影響力提高。學校行政服務是一種助人的工作，需要主管人員發揮更大的創造力，才能在原有的基礎之上，讓大家看見行政服務的「亮點」，肯定行政服務的工作。同時，行政服務人員應該避免讓工作固定在僵化的流程中，應該在流程中加入更多人性的關懷，不要問行政能做什麼，而要問你從中付出多少的關懷。

7-5　調查局什麼都管嗎？

調查局的電話

2019 年 8 月 2 日趙校長上任第二天

總機：校長！調查局的電話，我幫您轉一下。

....

　　校長私下嘀咕著，調查局電話？我們學校和調查局沒有什麼交情，業務上面也沒什麼互動，職務上面沒有管轄關係，調查局來電話？有沒有搞錯？真是沒事找事幹。

....

趙校長：喂！您好，我是忠孝國小（化名）趙校長！請問您是
　　　　哪位？

來電者：趙校長您好，我是調查局專員孫小毛（化名），恭喜
　　　　趙校長新官上任。

趙校長：感謝您！行政只是一種服務工作，希望可以帶領大家
　　　　為家長服務、為學生服務。

來電者：佩服哦！您們新任的總務主任，最近買了一棟豪宅，
　　　　校長知道這一件事嗎？校長關心過嗎？

趙校長：我不知道哦！林主任家道豐厚且勤儉持家，三代同
　　　　堂，父母健在，子女眾多，換個大一點的房子也應該
　　　　的，不是嗎？

來電者：剛剛當上總務主任，馬上買豪宅，您不覺得奇怪嗎？

趙校長：這怎麼會奇怪？有法律規定總務主任不能買大一點的
　　　　房子嗎？話又說回來，我學校的總務主任買大一點的
　　　　房子，關您們調查局什麼事？

來電者：沒啦！我們只是關心一下而已。

趙校長：那我代總務主任向您們致謝囉！多謝關照！

··

　　掛完電話，趙校長又嘀咕著，什麼玩意兒，調查局什麼都管，管天管地管南管北，連人家換個大一點的房子都管，將來連我們穿什麼顏色的衣服，可能都要向調查局報備。做行政難，做人更難。

··

2020 年 8 月 3 日柯校長上任第三天

··

　　校長室的門未經敲門就被打開，一位穿著西裝的男訪客大搖大擺的走進來，一屁股地坐在校長室的沙發上。柯校長正忙著批公文，抬頭看著這一位沒禮貌、素養差的男士，一副不以為然的樣子。

··

柯校長：對不起，請出去，敲好門再進來，您不知道進任何房間，敲門是一種基本的禮貌嗎？

來訪者：哦！校長您好大的官威哦！難怪學校老師都說您很難相處，果然是新官上任三把火！

柯校長：是嗎？請問您是哪一位？怎麼稱呼？有什麼指教？

來訪者：喔！我忘了自我介紹，我是調查局新來的專員汪一民（化名），今天特別來拜訪校長，來熟悉一下環境。

柯校長：了解，以後要來拜訪，我隨時歡迎，但是希望先來公文，來時記得打一下招呼，進門前請先敲門。這是我們學校的基本禮貌，我到各處室之前，也會先敲門，學生到辦公室找老師，我們也要求學生要先敲門。

來訪者：收到。

··

2021 年 5 月 28 日呂校長辦公室

　　調查局府甫上任的郭專員來訪，呂校長禮貌性接待。展開一段精彩對話，簡要內容如下：

郭專員：呂校長，好久不見！近來可好？

呂校長：感謝啦！您們這個單位，我想還是不見為好，少見為妙。

郭專員：別這樣啦！我們是好朋友，要經常聯絡一下感情，這樣關係才會好。

呂校長：感謝啦！建立良好關係，我當然歡迎囉！

郭專員：向校長報告一下，我個人下星期結婚，這是我的請帖，歡迎校長屆時蒞臨，今天特別來和您分享我的喜悅。

呂校長：哦！恭喜您囉！敢問我要包多少的禮數？才不會失禮？

郭專員：這個，呂校長就隨禮了！

呂校長：如果您不表示個作法，我看我就發文給調查局請示一下，有關調查局專員新婚，機關首長應該要包多少禮金，才不會失禮？

郭專員：校長您？

　　呂專員收回請帖，從那一刻開始，呂專員再也沒有到學校做任何的拜訪，有任何的視察工作，呂校長任內從沒有任何調查局的叨擾，平平安安過日子，8 年後安全下莊，調任到另一所學校。呂校長感嘆，新任的專員素未謀面，就丟紅色炸彈，結婚應該要低調，他還四處張揚，我們當校長的左右為難，真不知道如何因應。

行政議題

一、了解學校與各機關的隸屬關係

　　一般而言，學校單位和地方的調查局，機關和機關之間，並沒有直接或間接的隸屬關係，或者指揮與命令的管轄關係。但是，如果學校單位有違規貪腐犯法情事，調查局基於職責，就有權介入事件的調查。因此，行政服務人員對於機關和調查局之間的關係，需要先釐清，以作為行政服務的參考。

二、探討調查局的工作內容與職責

　　依據相關的法規指出，法務部調查局的工作內容與職責如下：調查局是臺灣當局的司法調查機關，主要任務為維護「國家安全」與偵辦重大犯罪。具體職責包括：反制「對岸」滲透活動、防制境外滲透活動、反制恐怖活動、保護「國家機密」、執行「國內安全」調查、協調「全國保防」、研究兩岸關係、打擊貪汙瀆職和賄選、打擊經濟犯罪、打擊毒品犯罪、打擊洗錢犯罪、打擊電腦和網際網路犯罪等。有鑒於上述調查局的工作與職責，學校單位和調查局之間的關係，和一般的教育行政體系有所不同。

三、分析學校與調查局關係與定位

　　雖然，如上所述學校單位和調查局的關係不大，但是基於職責，如果學校發生上述與調查局職務有關的情事，調查局就會介入調查。擔任行政服務工作，需要先了解職務與職責所在，行政運作要「依法行政」，避免有執行不當或貪腐情事發生，就不至於和調查局有所牽連。上述的案例，趙校長、柯校長、呂校長與調查局專員的互動模式，或許仍有可修正之處。然而，不同機關之間應該相互尊重，避免有長幼尊卑之分。

你可以精進

▲ ▲ ▲ ▲

一、在眾多互動模式中找出適當的方法

　　一般而言，學校單位與調查局之間的互動關係，不同的主管會有不同的相處模式，這些模式的選擇可能依據過去的經驗，或者是主管心中的認定而採取的方式。行政服務人員和調查局人員的互動，並無固定的模式可以依循。建議在眾多互動模式中，找出一個比較適當及適合的方式，作為行政服務時應對之參考。

二、從他人互動關係中建立新的模式

　　上述的三位不同校長，與調查局人員的互動模式有所不同，趙校長選擇的是「談事實」、「顧左右而言其他」的策略；柯校長採用的是「要求基本素養」、「一般禮儀」、「學校同儕關係」的策略；李校長採用的是「公事公辦」、「有來有往」的策略。不同的策略本身有不同的效果，也代表著不同的經驗取向。這些校長應該是依據過去與調查局互動的經驗，而決定選取哪一種模式比較適當。

三、建立行政服務與各機關互動的方式

　　擔任學校行政服務工作，除了在工作職責之內，幫學校同仁提供各種服務之外，和行政工作有關係的單位，也應該建立一個良好的互動模式。從相互間的良好互動，可以提升行政服務品質，也可以擴充行政服務的幅度。本案例中的調查局人員，雖然偏向負面的互動關係，如能將負面的互動關係調整為正面積極的互動關係，則對學校的行政仍能有多樣多面的助益。

7-6 我不是什麼都不會

什麼都不會的人當校長

　　小孩子玩扮家家酒，在進行角色分派時，有一則很有趣的對話。在分派角色時，小華最愛管閒事了，所以讓他當班長；小玉最愛管大家的規矩，所以讓他當風紀股長；小英最愛錢又很吝嗇，所以讓他當總務股長；小智最愛東念西念、嘮嘮叨叨，所以讓他當老師；小泉什麼都不會怎麼辦呢？我看讓他當校長好了。原來，在孩子心目中，校長是什麼都不會。

. . . .

5 月 12 日星期二早上 09：00 校園的某一角落

來賓：這位先生，我猜您是學校校長？

校長：是呀！您怎麼知道我是學校校長，一來我沒有穿西裝，
　　　二來我穿的是簡單的便服，您從哪一點看得出來我是學
　　　校校長。

來賓：這個很簡單呀！現在是上課時間，老師都在教室認真的
　　　上課，學生在教室努力的學習，只有您一個人在學校走
　　　廊，沒事幹地晃來晃去，您不是校長是誰？

校長：我？？？？？

9 月 16 日星期六 10：00 學校班親會上校長與行政處室主管對家長的談話

校長：大家好，首先感謝大家對學校的支持，願意將親愛的
　　　寶貝送到本校來接受教育，您的支持就是學校努力的動
　　　力，有需要學校為大家服務的地方，請隨時和學校聯
　　　繫。接下來請各處室主任介紹工作和執掌。

教務主任：教務處負責教師的課務、學生的學習情況，舉凡與

教學和學習有關係的事務，請隨時和教務處聯繫。

學務主任：學務處負責學生的所有動態，舉凡學生的生活教育以及在學校內的學習安全、常規等，都是學務處的業務。

輔導主任：輔導室負責學生的心理衛生，舉凡學生的心理問題、生涯發展、學習方面的適應等，都是輔導室服務的範圍。

總務主任：總務處的業務很簡單，除了上述教務、學務、輔導之外的工作，都是總務處服務的範圍。

家長紛紛喃喃自語：很好哇！各處室分工得相當好，服務得相當到位。可是，校長什麼都不必做，真是個好缺，也是一個涼缺。

校長：感謝大家對校長的關心，有句話説「主任才情、校長清閒」，我真的什麼都不必做，但是教務、學務、輔導、總務四個處室做不好，都是我應該要負的責任。

行政議題

一、機關首長的理念影響行政效能

俗諺：「將帥無能累死兵、一將功名萬骨枯。」意思是說，機關首長或主管的理念，深深地影響機關的行政運作效能。如果機關首長具有高度的智慧，有崇高的理念，並且將智慧與理念轉化成為行政領導的行動，在機關底下工作的處室人員，一定具備良好的組織氣氛與工作士氣；反之，機關首長的理念有問題，行政領導策略不佳，政策經常改來改去，讓部屬無所適從，則機關的效能不佳，組織氣氛低劣而影響單位的發展。

二、單位組織分工與各司其責

學校組織單位的發展，需要主管人員本身擁有政策的理想，採用適當的組織領導策略，引導單位人員朝共同目標發展。如果單位組織分工沒有確實的話，就會造成「有些工作大家搶著做，有些工作沒人做」的現象，而且會形成組織混亂的情形，給外界負面的評價和形象。上述的案例，校長不是什麼都不會，而是應該將自己放在適當的地方。上課時間校長在校園巡視，了解教師教學與學生學習情形，而家長從時間、地點、人物的辨識等，判斷這一位是學校校長，此為正常的現象。

三、明確說明各處室負責業務

學校行政服務單位負責的業務，並非所有關係人都能掌握的，需要透過適當的機會，向相關人員詳細的說明，才能避免增加行政人員的各種負擔。例如：上述案例的學校班親會，校長利用家長與教師都來出席會議的機會，請各處室主管向家長介紹自己負責的業務，可以提供家長更進一步了解學校的運作，避免來日有關教務處的工作找輔導室溝通，有關總務的工作找學務處溝通的情形發生。

你可以精進

▲ ▲ ▲ ▲ ▲

一、處室的行政業務需要更多的宣導

擔任各處室的行政服務工作，需要利用機會向相關人員說明自己負責的業務性質，以及可以提供的各種服務。經過對自己處室工作的宣導，一來可以讓相關的人員深入了解自己業務的性質，其次可以減少不必要的業務量。初次接任行政服務工作，除了熟悉自己的業務性質，也應該了解工作性質與其他處室業務之間的關係，此種業務關係

如何分工，如何相互聯繫溝通等。

二、組織分工應該要確實執行到位

　　學校單位的行政分工，雖然有明文規定，但有些工作是需要相互支援、相互協調的，行政服務人員在組織分工方面，需要和各處室單位進行協商，使分工合作更爲確實。例如：開學之後的「新生訓練」，涉及哪些單位的業務？主辦單位是哪一個處室？協辦單位是哪一個處室？承辦單位是哪一個處室？等等問題，都是需要進行組織分工的範疇。

三、行政職務與行政領導都需要學習

　　擔任學校行政服務工作，需要隨時學習成長；擔任學校領導工作，更需要隨時學習成長。儘管學術領域的「行政學」、「領導學」、「校長學」、「長官學」研究做得沸沸揚揚的，然而落實到實踐層面，仍需要有一番的努力。換言之，從事任何工作或角色，都是需要學習與成長的淬鍊，才能成就更爲專業的形象。

八
策略方法

8-1 道德勸說的影響力

教育的因果關係

新學校校舍建築公開招標會場上，由於學校是新成立的，因而經費相當龐大，高達 5 億 7 千多萬的預算，引起社會各界的關注。光是來投標的廠商就高達 8 家之多，遠近馳名的建築公司、社會上的黑白兩道，都覬覦這一個招標工程，每個人都想要分一杯羹！

市政府遴選出來的胡校長，一副老神在在的樣子，不急不徐地主持公開招標的會議。據說，胡校長是報名遴選人員中年紀最輕的、經驗最少的，但胡校長獲得所有遴選委員的青睞，給予胡校長最高票，希望胡校長可以在未來的學校規劃中，擘劃經營一所具有國際特色的新學校。

當大家對招標案屏息以待時，擔任總務的潘主任宣布「磐石建設公司」以伍億壹仟貳百伍拾萬元底價得標。現場雖然掌聲響起，卻一片嘩然，為什麼是這一家聲譽不佳的公司得標？未來這一所新學校，怎麼可能會有什麼特色的建築出來。這時，胡校長說話了。

....

胡校長：大家好！我是這一所學校的籌備校長胡○○！首先恭喜「磐石建設公司」以最低底價得標！希望在未來的學校建築中，貴公司能全力以赴，蓋出國內最有特色的學校來！

錢董事長：胡校長！您放心啦！我磐石建設公司，一向在臺灣的建築界是相當有名的，本公司對於學校機關的建築工程，一定會朝最高品質的要求，蓋出一所國內最具有特色的學校來。

胡校長：感謝錢董事長的承諾，相信您一定會辦到的！

錢董事長：胡校長！各位現場的朋友們，您們放一百個心，本
　　　　　公司一定會全力以赴！

胡校長：感謝！學校的建築一旦蓋了，就要用 50 年之久，所
　　　　以不得不謹慎，50 年後我們也許都不在了，可學校
　　　　的建築還在，因此不能不謹慎！

錢董事長：是的！這個道理我們從事建築的都懂！

胡校長：我在此要特別拜託貴公司，在建築的過程中一定要謹
　　　　慎，使用材料一定要像貴公司名字「磐石」般堅固，
　　　　讓學校的建築堅如磐石。

錢董事長：一定會，一定會。

胡校長：這一棟建築物如果建築過程有所閃失的話，我相信如
　　　　果倒了，絕對不會壓到您的兒女，但可能會壓到您的
　　　　子子孫孫，您放心讓您的子子孫孫在這樣的建築物底
　　　　下學習嗎？

錢董事長：是！是！是！

　　　聽說會議結束之後，錢董事長召集公司所有幹部宣示，在蓋這
一所學校時，不准有任何的鬆懈，不准有任何的怠惰，更重要的是
不准有任何偷工減料，不准使用任何的次級品，一經查獲絕對不輕
饒！將來，我們的子子孫孫都會在這一所學校學習！

　　　胡校長真高哇！透過「道德勸說」進行最嚴格的監工！相信在
他的領導之下，可以蓋出一所具有特色的新學校來。

行政議題

▲ ▲ ▲ ▲

一、同樣的事件不一樣的處理方式

　　行政服務工作的範圍相當廣，單位的營建工程屬於困難度比較高的項目，在專業訓練階段對於行政人員的培育課程，無法包括所有的行政業務。因此，在接任行政工作之後，需要業務人員發揮自己的想像力，或是透過「重新再學習」方式，培養並精進業務能力。案例中的胡校長，雖然年輕且對於蓋新校舍缺乏實務經驗，但胡校長懂得運用多元的行政手法，對於前來投標而得標，且一向商譽不是很好的公司，運用「道德勸說」的方式，使其嚴格要求後續的營造工程，確保學校的服務品質。

二、說之以理動之以情的表達策略

　　俗諺：「行政服務始終源自於人性。」意思是說，行政服務是僵化的，需要更多來自於人性的關懷。從事行政服務工作，在相關政策的宣導或執行時，可以依據行政法規的要求，在宣導策略方面，也可以採用「道德勸說」的方式處理。本案例中的胡校長，在建設公司得標時，採用道德勸說的方式，讓建設公司的董事長了解教育的因果關係，感動其內心深處，進而決定此最新的學校建設工程採用最嚴格的方式。

三、擔任行政工作可以更有人性化

　　行政工作因為法規和組織章程的關係，執行業務有固定的流程、約定俗成的表格，以及系統化的作法。但是，執行行政業務時，策略與方法可以更柔軟，更有人性化。例如：辦理新學校的建築招標工作，需要依據政府公布的《採購法》進行相關的招標開標會議，然而，在依法開標之後，可以在相關的會議中將教育愛及教育關懷融

入。本案例中的胡校長，在開標之後利用公開場合，針對得標的建築公司與在場的廠商，進行簡單的教育理念宣導，讓建設公司的老闆感動，進而要求公司的員工嚴格施工，提供後代子孫更好的學習空間。

你可以精進
▲　▲　▲　▲

一、在盡忠職守之際也需要創造力

擔任行政服務工作，需要遵守相關的法規，才能避免負面的作用。然而，在行政服務業務範圍內，可以針對業務性質做各種改革規劃，以提升服務工作的影響力。例如：在原來的業務中加上「人性的關懷」、「溫暖的問候」、「情意的表達」等具有創意的作法。

二、行政創意來自經驗的反思學習

行政俗諺：「上等人從別人的教訓中得到經驗。」意思是說很多的創意作法，來自於對他人作法的觀察學習，透過同儕人員作法的觀察學習，可以作為改進業務的參考。行政創意的作法不一定來自本身業務的經驗，而是可以從同儕或其他單位的作法，思考如何將這些模式作法轉化成為自己單位機關可行的策略作法。

三、將教育理念融入行政服務的模式與實踐

教育人員對於教育理念的堅持，是提升行政效能及效率的重要關鍵。從事行政服務工作，應避免因為忙碌而離自己的教育理想越來越遙遠，要經常思考如何將教育理念融入行政服務中。下列模式可供參考：

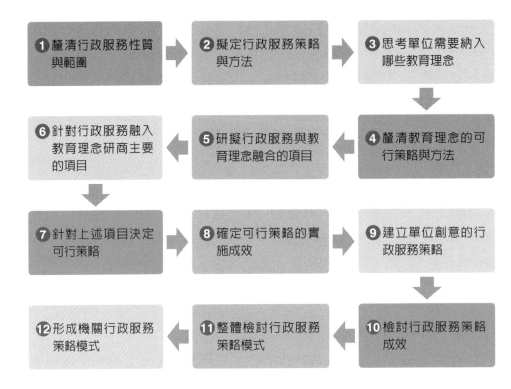

8-2　撫卹或全領的決定

主任與遺族的精彩對話

　　學校一向溫文儒雅、講話溫柔婉約的簡老師，由於近來身體不適到醫院檢查，發現得了子宮頸癌末期，雖歷經多次的治療仍撒手人間，留下二個稚齡的小孩。全校同仁紛紛為簡老師的際遇而感到相當的難過，希望簡老師的家人能夠度過難關，二個小孩能在父親的呵護之下成長。

2020 年 8 月 15 日處室主任辦公室

龐先生：林主任您好！我是簡老師的先生，今天來幫簡老師整理教室中的東西，順便將辦公室的遺物帶回家。

林主任：龐先生您好！簡老師在我們學校是一位很好的老師，深獲同仁的肯定及學生的喜愛，真不幸這麼早就離世，大家都感到相當的不捨。

龐先生：感謝大家平時對簡老師的愛護，以及對內人的照顧關愛，我個人也感到相當的難過，她走得的確太匆忙了，留下二個年幼的孩子，未來的日子不知道該怎麼辦。

林主任：是呀！老天真不公平，這麼早就將簡老師召回去，可能那兒需要好的老師吧！

龐先生：我今天來，除了感謝大家對內人的支持關懷，同時也要幫內人辦理撫卹相關事宜。

林主任：了解！這是學校應該主動幫您們的事宜！不知道您們選擇什麼方式？

龐先生：我想辦理「全領」方式，這樣一了百了！

林主任：這樣哦！我覺得孩子還小，您們應該選擇「撫卹方式」會比較好。

龐先生：我們還是要辦理「全領」方式。

林主任：這個我們還需要查一下相關的辦法，再回覆您們。

龐先生：學校怎麼這麼囉唆，老是爲難我們家屬，我都說了選擇「全領」方式，如果學校不願意的話，我們一定會告學校。

林主任：我們再了解看看。

龐先生：他 × 的！（髒話連篇）

後來經過學校與簡老師的家人詳細商談之後，家屬決定選擇用「撫卹方式」，給二個小孩生活上的保障。龐先生在這期間，接連打了幾次非理性的電話，每一次都是髒話連篇，將學校行政人員臭罵一頓，把人家的祖宗八代都請出來。

經過一段時間之後，驚傳龐先生因重病往生的消息，往生後還負債累累。

龐先生的家人和簡家人聯袂到學校感謝林主任的堅持，還好建議採用「撫卹方式」，給了二個小孩生活上的保障。

林主任喃喃自語：「唉！人生沒有好運不好運的問題，只有選擇對不對的議題。」

行政議題

一、行政人員沒有替人抉擇的權力

　　學校單位的行政人員在辦理各項業務時，有關人員的權利義務方面的選擇，基於業務上的性質，需要清楚地向當事人做詳細的說明。但是，處理業務的原則涉及當事人的選擇問題，主管的行政人員不可以幫當事人抉擇，在詳細說明之後應由當事人做各種的抉擇。

二、行政人員擁有給予專業建議的義務

　　學校單位行政人員辦理各種業務時，對於當事人的權利義務之說明，應該要基於相關的法規，以及不同選擇之後有哪些差異，最好做成一個「懶人包」可以讓當事人或家屬了解相關的權利和義務。本案例的經驗，由於簡老師突然重病往生，留下二個稚齡的孩子，後續的撫卹方面牽涉「全領」或「逐年撫卹」的不同選擇，由於簡老師本人往生需要家屬做最佳的選擇，學校林主任在經過與所有家屬詳談之後，建議採用「逐年撫卹」的方式。

三、嚴謹把關有助於提供專業的協助

　　擔任行政服務工作，有關於人事的權利義務問題，行政人員需要多方了解，並且基於相關的辦法規定，嚴格地進行把關並給予當事人（或家屬）最佳方案的建議。如果因為業務上的疏失或是怠惰，沒有提供家屬最好最佳的選擇，或許不至於產生業務上的過失，然而對於當事人或家屬，總會有一種「業務方案疏漏遺憾」的現象。

你可以精進

▲ ▲ ▲ ▲

一、運氣好不好與選擇對不對的問題

俗諺：「很多事情沒有運氣好不好的問題，只有選擇對不對的議題。」意思是說，很多事情的發生與處理，不必歸因於運氣好壞的因素上面，而是個人選擇對或不對的問題。以本案例的經驗，如果林主任對於撫卹辦法疏於了解，而隨了龐先生的意思，讓龐先生選擇「一次全領」的方式，則在龐先生往生之後，二個小孩生活會失去保障，孤苦無依過一生。

二、很多行政決定需要時間作為緩衝

行政服務業務的執行，很多不必急於一時，應該經過一點時間的沉澱，讓當事人擁有多方思考的機會。例如：上述的案例，在簡老師往生之後，家屬辦理撫卹的方式，行政上的流程需要一些時間，承辦人員可以在行政流程之前，和相關人員詳談了解家屬的想法和選擇。此種作法，一來可以讓事件緩衝一下，二來可以讓家屬更多思考的時間，以利做最有利的選擇與決定。

三、重大案件要形成會議紀錄以查考

有關簡老師家屬選擇撫卹方式，林主任應該要透過相關的會議作為研商的方式並形成會議紀錄，以利未來的查考。召開相關的協商會議，最好將有關人員請到學校來，請有關人員提出自己的主張，這些人員包括學校人事、會計、單位主管、承辦人員、有關家屬，並且在會議結束之後記錄結論，請相關人員在會議紀錄上面簽名，以供查考。未來如果發生糾紛時，可以透過查詢會議紀錄的方式，提供該案件資料的查核。

8-3 表情是最無情的告密者

離底價還很遠

　　學校開標會場，今天的招標是「學校中央廚房設備更新方案」，希望透過招標方式，更新學校的廚房設備，提供師生優質的餐飲。這一次招標公開之後，來投標的公司相當踴躍，有 5 家公司來投標。由於招標的底價超過 500 萬元，因此開標會議由校長親自主持。

∙∙

黃校長：大家早安！感謝大家對學校招標工程的支持，這一次的標案是學校中央廚房設備更新方案，希望透過招標的方式，利用暑假期間可以更新學校的廚房設備，未來開學時可以全面使用新的廚房設備。

總務林主任：是的！這一次來投標的公司總共有 5 家，分別為甲林公司（化名）、理想公司（化名）、銘銓實業（化名）、博洋公司（化名）、香運公司（化名），感謝大家的支持！這一次的投標採用「底價標」，由底價最低的公司，且低於「學校底價」的公司承接！

黃校長：請總務林主任拆開各公司投標的底價，當場唱名並公布各公司的標價

總務林主任：甲林公司標價 514 萬 7 千元、理想公司標價 509萬 4 千元、銘銓實業標價 489 萬 3 千元、博洋公司標價 484 萬 1 千元、香運公司標價 488 萬 9 千元。

黃校長：唉呀！大家都離底價太遠了，有好大的一段距離，5家都高於底價，請大家進行第一次減價（黃校長皺著眉頭，感嘆地說）。

總務林主任：第一次減價，甲林公司標價 460 萬 9 千元、理想
公司標價 468 萬 4 千元、銘銓實業標價 466 萬 3 千
元、博洋公司標價 456 萬 6 千元、香運公司標價 466
萬 2 千元。

黃校長：臉色一沉，唉呀！還是離底價太遠了，還有好幾萬里
路，5 家都高於底價，請大家進行第二次減價。

　　投標廠商們紛紛低頭咬耳，離底價還這麼遠，我看一次砍多
一點。

總務林主任：第二次減價，甲林公司標價 425 萬 3 千元、理想
公司標價 413 萬 2 千元、銘銓實業標價 438 萬 6 千
元、博洋公司標價 405 萬 3 千元、香運公司棄標。

黃校長：公布結果，博洋公司得標，恭喜博洋公司。

博洋公司負責人：請問學校的底價是多少？

總務林主任：底價是「455 萬 3845 元」。

博洋公司負責人：我的天呀！剛剛還說離底價很遠，不是只有
差 1 萬多元而已嗎？

總務林主任：別生氣啦！我們校長是怕您們標價太高，無法得
標，影響學校的廚房設備改善工程啦！

黃校長：還是總務林主任懂我的心！感謝大家的支持啦！

會議結束之後！

總務林主任：校長！您真高哇！嘆個氣，為學校省下將近 100
萬的經費。

黃校長：我只有嘆一口氣而已哦！如果嘆二口氣的話，一定省
更多。

行政議題

▲ ▲ ▲ ▲

一、表情不一定是無情的告密者

俗諺：「很多時候表情是最無情的告密者，從表情可以看出一個人的心思。」意思是說，我們可以從一個人的臉部表情，看出來這個人是開心的、不開心的、快樂的、不快樂的，從表情可以作爲下一刻因應的參考。如果當事人的表情已經呈現憤怒的樣子，就應該儘量避免再次觸怒當事人；如果當事人展現出來的是開心的樣子，則稍微開一下當事人的玩笑，應該是不會有問題的。

二、適當的時間運用正確的技巧

擔任行政服務工作，在重要時刻應該依據當下的情況，判斷需要運用哪些策略與方法，增進彼此之間的互動關係。上述案例中的黃校長，在主持學校開標案時，由於投標廠商的底價尚未進入「學校底價」範圍之內，請投標廠商再次進行「減價動作」，第一次減價之後，投標廠商的定價還是沒進入學校的底價，在進行第二次減價時，黃校長故意展現出離底價還很遠的表情，讓投標廠商一次大減價，不僅降低得標廠商的底價，還爲學校省下將近百萬的經費。因此，在開標現場如何運用正確的技巧，以及選擇運用的時機點，對學校開標而言是相當重要的。

三、行政運作需要技巧更需要演戲

學校行政人員與廠商的互動關係，是建立在平常的交際往來之上，有些策略的運用需要選擇正確的時間點，有些策略的運用要儘量避免，以免因爲經常使用，傷了彼此的和氣，破壞相互間的關係。否則，未來在學校發展有緊急性需要時，廠商就不會願意「相挺」，學校就無法在緊要時刻，透過各方的協助而化解各種困境。

你可以精進

▲ ▲ ▲ ▲ ▲

一、建立學校與廠商的默契之要件

學校行政工作的運作，難免與廠商有互動的關係，在「圖利廠商」與「便民」之間的界線與區隔難以劃分，需要行政服務人員更多經驗技巧的累積。學校行政運作如果非要與廠商互動，或是建立關係的話，也應該從社區家長的層面開始，選擇學校家長本身在經營生意的，作為與學校互動的基礎。

二、讓小利與獲大益的要領與訣竅

學校行政單位與廠商之間的互動關係，應該建立在「讓小利」與「獲大益」的專業關係之上。前者，指的是當學校的業務需要購買物品時（例如：購買便當、購買少數文具），就需要與學校社區家長的商店建立「購買關係」；後者，指的是學校採購物品「超過公開招標的標準」，需要透過「公開招標」方式進行採購時，就需要運用「獲大益」的方式，提供機會讓家長廠商與一般廠商公開競爭的機會。

三、建立與廠商互動關係之模式與實踐

學校行政單位與廠商的互動，影響學校的發展與聲譽，因此行政人員要特別謹慎，避免過度依賴廠商而讓廠商予取予求，或者對廠商過度苛刻、避而遠之。彼此保持一個亦步亦趨的關係，對雙方的互動才會有正面的意義。有關學校與廠商互動關係之模式與實踐，如下圖：

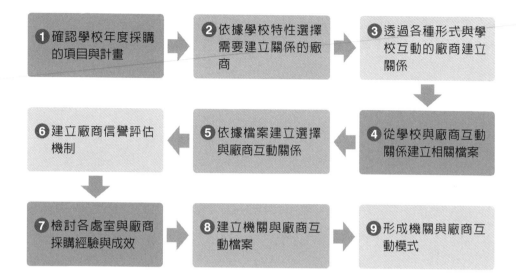

8-4 善用文字的力量

婉拒長官邀請的藝術

校長祕書來電，表達校長想約林老師會談的訊息，林老師由於父親病重住院，短時間無暇和校長見面會談，便私下詢問鄒祕書，校長會談的主要目的為何？鄒祕書表示，校長想邀林老師擔任學校重要職位，至於擔任什麼職位，校長並沒有講明，需要林老師與校長會談之後，才會有比較明確的訊息。

- -

鄒祕書：林老師，我是祕書室祕書，校長想找個時間和您談談，不知道您什麼時間比較方便？

林老師：鄒祕書，好久不見！我最近在忙，家父重病住院，恐怕短時間之內，無法到校長室和校長會談，真是抱歉。

鄒祕書：哦！那真不巧，先祝福令尊早日康復出院。我會將這個消息向校長報告。

林老師：感謝囉！這回，恐怕不行了，家父肝癌末期了，醫師說時日不多了，恐怕⋯⋯

鄒祕書：唉！林老師，您自己要保重，希望令尊可以度過這一次的難關。

林老師：感謝您的祝福，是不是請您代為向校長轉達我的現況與處境，請校長諒解。

鄒祕書：好的，要不，您打個電話給校長，親自表達會不會比較理想。

林老師：感謝您，請給我校長電話。

鄒祕書：校長的手機號碼 093456789。

- -

　　林老師想了一下，並沒有打電話給校長，將自己的現況透過文字方式，傳了簡訊給校長。

　　內容如下：「我這一生忙著讀書、忙著教書、忙著寫書、忙忙碌碌，我總不能在父母親生命中的最後一里路，老是望著他們的背影。」

　　據祕書室的鄒祕書轉述，校長在接到林老師的簡訊時，竟然當場泣不成聲、淚如雨下，可能是感同身受吧！交待祕書室的同仁，幫校長聯繫總務單位備車，校長要親自到醫院探視林老師的父親，表達問候之意。

行政議題

一、行政服務需要更多文字表達技巧

　　行政溝通相關理論指出，行政服務工作的宣導，除了口頭、文件傳遞的表達方式，選擇用文字表達，有時候比傳統的表達方式效果來得好。透過文字表達技巧的運用，可以將行政服務的要項詳細地表達給相關人員，同時也可以將情感、需求、盼望等情懷轉達給想要表達的人。

二、運用文字的力量表達服務的情懷

　　行政服務工作需要溝通時，每一個人選擇的方式不同，有些人需要口頭表達，有些人需要文字訊息表達。擔任行政工作，需要依據不同的人員特性，不同的訊息程度，選擇不同的表達方式。本案例中的林老師，在父親病重住院時期，服務學校的校長邀請談話，由於林老師忙碌且對於父親病情的憂慮，採用口語表達的方式恐怕難以充分表達心意，特別選用文字訊息的方式傳達自己的意思，透過文字的力量

將自己的心意轉達給校長。

三、依據不同情境選擇適當的策略

在進行行政溝通時,理想的方式是依據不同的情境,選用適合的溝通策略,才能達到預期的效果。有些人適合口語溝通,有些人適合文字溝通,有些人適合情意溝通。本案例中的經驗,學校校長想要邀請林老師擔任行政主管,選擇用當面會談的方式邀請林老師擔任重要職位,此種方式能顯現出校長的誠意。而林老師選擇用「文字溝通」方式回應,將其處境與心思透過文字力量傳達,一則也是以文字轉化其婉謝的心意。

你可以精進
▲ ▲ ▲ ▲

一、在不同策略之間做明智選擇

行政服務在溝通時,可以選擇多樣的方式,以當事人比較理想的策略作為溝通的依據。當行政服務需要溝通時,可以透過情境的了解、人員的特質分析,選用不同的溝通形式。行政工作人員在服務人員時,要能在不同策略之間做明智的選擇,以當事人熟悉(或能接受)的方式,進行行政事務的溝通。

二、不同情境與決策之間的連結

擔任學校行政工作,需要與主管溝通,或是與同儕溝通時,應該在不同情境與決策之間,做正確的選擇與連結。例如:當單位主管的決策與自己的行政業務有所出入時,如何在行政主管與自己負責的業務之間,做正確的選擇以達到平衡,則需要業務人員智慧的決定。上述案例,當校長邀請林老師擔任行政主管時,林老師由於自己父親重病且處境艱難,選擇以校長可以接受且婉轉表達的方式,透過文字

的敘述以動人的言語表達自己的處境與立場，則為行政溝通的最佳典範。

三、掌握單位每一位成員的動態

　　學校機關行政人員，應該要掌握單位人員的動態，作為行政服務的參考。案例中的林老師父親生病，學校祕書室沒有掌握到此訊息，提供校長作為探視病情的參考，而是林老師在回應鄒祕書時透露出來的訊息。當鄒祕書將消息轉給校長時，校長立即決定驅車前往慰問。如果，校長可以事先掌握林老師父親重病住院的消息，提早到醫院探病的話，在未來邀請林老師擔任行政工作時，林老師接任處室主管的意願就會比較高一些。

8-5 用他熟悉的方式送最後一程

展現出您的誠意來

　　今天是學校李老師告別式的日子，現場冠蓋雲集，人山人海，來送別李老師的賓客，除了各界達官顯要、民意代表之外，還有李老師生前的親朋好友、大學同班同學，以及生前教過的學生家長、學生等等，將現場擠得水洩不通。可見得李老師生前交友廣闊，和家長和學生互動得相當好，才有今日的場面。

　　黃校長依往例率領學校主管到李老師家致上最高的哀悼，希望代表全校教職員生送尊敬的李老師最後一程。在進行公祭之前，黃校長希望可以和李老師家屬先溝通一下公祭的形式，請總務林主任先和家屬溝通。

- -

林主任：李太太，我是中山國小（化名）的總務主任，今天是李老師的公祭日，我們校長率領學校主管來送李老師最後一程。

李太太：感謝您們！

林主任：有一件事情要和您商量一下，因為我們校長是天主教信徒，所以等一下「不拿香」拜拜，僅用最大的誠意送李老師最後一程。

李太太：這怎麼可以，我們是信佛教的家庭，李老師生前是虔誠的佛教徒，不拿香拜怎麼可以。

李老師兄長：就是嘛！我弟弟生前在學校服務那麼多年，為學校盡心盡力，為學生犧牲奉獻，為學校同仁做牛做馬，今天是他的告別式，拿個香拜他，又怎樣呢。

李老師大姊：真沒有誠意，不拿香拜，來做什麼，枉費我弟弟

　　這麼愛這一所學校，多年的努力付諸流水。

李老師好友：唉呀！這個校長真不知道變通，信徒又怎樣，是
　　　　　　看我們沒當過信徒嗎？不拿香拜就可以直接回去了。

林主任：了解！您們的心意我們了解，可是您們不能爲難我們
　　　　校長呀！

鄰居王先生：隨便啦！你們學校想怎麼做，就怎麼做啦！學校
　　　　　　最大啦！

王師傅：校長，您應該要用李老師熟悉的方式，送他人生最後
　　　　一程，拿香拜拜無損您的地位。

....

　　當大家正爭論不休時，黃校長突然咚一聲，跪了下來，拈起三
柱香跪拜李老師，口中唸唸有詞。

....

黃校長：尊敬的李老師，今天是您在世的最後一天，本人謹
　　　　代表中山國小全體教職員工生，以三炷清香、鮮花素
　　　　果，送您人生最後一程，感謝您對中山的付出、對中
　　　　山的努力、對中山的愛，期盼您一路好走，隨著菩薩
　　　　去修行，來生咱們有緣，再敘同仁情緣，黃○○叩
　　　　拜。

眾人異口同聲：校長！讚哦！這個校長真好，李老師有您可以
　　　　　　　含笑九泉了！

行政議題

▲　▲　▲　▲

一、很多時候習俗是死的、人是活的

　　學校行政服務工作，除了固定的流程之外，還會有人際的往來互動等，擔任行政主管爲了學校發展，需要配合社區的各種活動。因此，如果過於堅持自己的信仰或信念，無法融入不同的信仰活動，難免形成各種困境或困擾。俗諺：「很多時候習俗是人定的，也應該由人來修正。」意思是說，社會上的各種習俗，有其存在的意義和必要性，當習俗和自己的信仰有所不同時，行政人員如何抉擇，是一種行政運作的高度智慧。

二、行政服務隨著情境而調整各種作法

　　擔任行政領導工作，難免因爲單位機關的需要而出席各種重要場合，當場合需要或人員要求時，就需要因事制宜、因人調整，改變自己信仰的習俗或信仰的儀式。案例中李老師的往生公祭場合，由於李老師本身是佛教徒，學校校長是天主教信徒，信仰的差異導致公祭儀式的不同，因而在公祭場所引起了一些儀式上的爭執。在此種情境之下，黃校長選擇用李老師「熟悉的方式」表達單位的謝意，並送李老師人生最後一程，此種作法是最爲明智的選擇。

三、不同的表達方式有不同的效果與影響

　　同樣的行政服務工作有多種表達的方式，不同的表達方式，會帶來不同的效果。想想看，在本案例中，如果黃校長堅持以「不拿香拜」的方式送李老師最後一程，家屬會有什麼想法，來賓和左鄰右舍又會如何評論，對學校會持什麼樣的看法。然而，黃校長選擇用李老師熟悉的方式送他最後一程，此種轉變與華麗轉身若能贏得「滿堂彩」，改變一下又何妨？

你可以精進

▲　▲　▲　▲

一、從笑談中了解行政的柔軟身段

　　某校總務主管卸下行政職務前有一段互動，助理表示主任要離開，眞讓人感到不捨。總務主任表示，各種工作職務難免來來去去，有什麼好不捨得，助理回應是因爲主任平時對他們很好，哪怕犯錯了也不會大聲苛責。總務主管說：「看在你當我的助理多年的份上，這35條毛巾送你了。」助理回答：「主任您怎麼有這麼多毛巾，您不考慮留著自己用？」總務主管說：「你可別小看這些毛巾哦，一條毛巾一條人命。」

二、行政除了需要柔軟也需要熱度

　　擔任行政服務工作，除了自己的身段要柔軟之外，也應該要讓被服務的人員感受到應有的關懷和熱度。此種關懷的策略與方法，需要在平時多觀察外界有關人員的具體作法，透過內化成爲未來自己的經驗。例如：今天機關單位同時有一場公祭和喜事，當您無法同時出席兼顧時，您會選擇出席哪一個場面？比較理想的選擇，是出席公祭場面，送同仁或相關人員最後一程。至於喜事方面，當然要記得「人未到、禮要到」的道理，哪一天當事人想起來了抱怨幾句，也不至於有什麼影響。

三、行政決定需要智慧也需要技巧

　　擔任行政領導工作，很多時候需要當場做抉擇，而行政抉擇並沒有一致的標準或規則可以參考。需要做怎樣的決定，選擇怎樣的表達，運用怎樣的策略，就要靠領導者的經驗智慧。案例中的黃校長，透過主任去溝通公祭時「表達哀思的方式」，遭到家屬的極力反對，現場出席人員的冷言冷語。因此，黃校長當機立斷，改採用當事人

「熟悉的方式」、「在意的方式」表達悼念之意，此種改變不但扭轉場面尷尬的局勢，同時爲自己帶來滿堂彩的效果。有時候想一想，做個改變有何不可？領導人員要記得「華麗轉身」的效果，比「愚蠢堅持」好太多了。

8-6　掌握關鍵時刻

想知道：一葉落而知天下秋的原理

學校單位流傳一種「想知道」的說法，可以提供學校校長和主管作為參考。該說法簡要如下：

1. 想知道學校校長的領導情形，只要看新學期花多少時間讓行政人員全到位，就知道！

2. 想知道今天校長在不在學校，只要看學校警衛的臉色，就知道！

3. 想知道學校哪一個處室的服務品質最好，只要看哪一個處室的門經常更換，就知道！

4. 想知道學校哪一位行政服務人員的服務品質最好，只要計算他們到班級教室的次數，就知道！

5. 想知道學校哪一位教師最認真，只要問學校警衛，就知道！

6. 想知道學校哪一位教師最受學生歡迎，只要看下課時學生的臉色，就知道！

7. 想知道學生到學校是否快樂，只要每天站在校門口看學生上學的臉色，就知道！

8. 想知道家長對學校的評價，只要看家長來接孩子的情形，就知道！

9. 想知道社區人士對學校的評論，只要到活動中心坐 5 分鐘，就知道！

10. 想知道學校什麼時間學生最容易受傷，只要問學校護理師，就知道！

行政議題

▲　▲　▲　▲

一、見微知著原理原則的運用

　　學校行政服務工作，不應該在細節裡做文章，但應該在細微處，以貼心的方式，提供優質的服務效能。行政服務品質的好壞高低，往往從細節的地方，可以看出承辦人是否用心，業務的推展是否贏得師生的信賴。所以，行政服務工作不只是一種例行公事，同時也是一種服務效率的問題，需要各處室承辦人從大處著手小處著眼，才能提升服務的績效。

二、不同角度擁有不同的觀點

　　行政服務的評價，因為不同人的觀點，不同角度的思考，不同層面的看法，而有不同的評價。行政服務想要讓每個人都滿意，需要更多的努力，更積極的作為。處理行政服務業務，需要顧及不同層次人員的觀感，同時也要符合大多數人的「最大利益」。在無法提供每一個人都滿意的服務時，宜採用「兩利相權取其重，兩害相權取其輕」的原則。

三、從不同角度思考服務需求

　　上述案例雖然屬於流傳的歇後語，但可提供行政服務人員處理行政工作的參考。不同的角度看待事物時會產生不同的期待，不同的人士看待事件時會有不同的評價。因此，行政服務工作需要在同一件事情上，顧及受服務者的需求期望，透過需求期望的掌握，改變傳統的服務策略方法。

你可以精進

▲　▲　▲　▲

一、從各種歇後語思考服務策略

　　學校單位的各種歇後語，與一般的學校慣例之間具有相輔相成、息息相關的密切關係，同時也提供行政服務工作的參考指標。例如：學校應該是一個快樂學習成長的地方，從學生上學的臉色可以看出快樂與否的端倪。學校行政主管與教師可以從學生的快樂與否，察覺學校學習生活的「學生觀點」，作為改善學習氣氛的參考。

二、從現有的學校氛圍作為改革方向

　　上述的案例，指出許多與學校發展的重要指標，可以提供學校主管作為改革方向的擬定，以及改革策略方法的參考。例如：從社區人士對學校的評價，可以找出學校行銷的方法與方向；從學生下課時的臉色，可以看出學生的學習是否快樂，可以作為班級教學改革重要指標，提供教師改進教學活動實施；想知道學校哪一位行政服務人員的服務品質最好，從行政人員到教室的次數，可以看出行政服務是「主動」或「被動」，作為改進服務品質的參考。

三、從不同的評價找出改革的方向與步驟

　　學校的教育發展，是一種持續性的、系統性的過程，需要學校主管與行政人員發展永續性的經營策略。因此，行政服務人員需要掌握各種訊息，也需要從各種歇後語了解各種學校發展的內外在因素，透過不同的評價找出學校改革的方向與步驟。本案例中的歇後語指出各種潛在的因素，提供行政人員改革的參考。例如：從護理人員可以了解學生什麼時間最容易受傷、在學校何處最常受傷、學生受傷的原因為何等方面的訊息，就可以作為改善學校空間設計與校園安全維護的參考。

8-7　職章不離身

校園故事（師徒對話錄）

徒弟：請問師傅「為官之道」有哪些？

師傅：不是「為官」，是「行政服務」，年輕人不懂事，一天到晚想當官，官字兩個口！

徒弟：那麼請問「行政服務」有哪些要領？

師傅：行政服務第一守則「職章不離身」、「簽名皇帝大」。

徒弟：？？？

師傅：前者指的是從事行政服務，你自己的職章要隨身攜帶，不可以因為忙碌而亂丟，也不可以隨便交付給他人或部屬。

徒弟：那麼「簽名皇帝大」指的是什麼？有什麼學問？什麼竅門呢？

師傅：簽名皇帝大指的是你的名字不要亂簽，只要簽名就視同你本身親臨，同意文件所有的內容。我有一位朋友，只有簽名而已，北部一間五星級飯店，隔天就換他人經營。

徒弟：有這麼嚴重？擔任行政工作真的要謹慎、要小心、要慎重！

師傅：是啊！在行政服務時，更要注意技巧和技術。

行政議題

▲　▲　▲　▲

一、職章的意義與應用

擔任學校行政服務工作，因為職務上的需要，通常學校會發給一枚職章，以利行政上的運作。例如：「教師兼衛生組長○○○」、「教師兼教學組長○○○」、「教師兼教務主任○○○」、「教授兼總務長○○○」、「教授兼教育系主任○○○」等。職章是用在學校行政各種文件上，或是用在公文書信等之用。

二、職章的保管與處理

擔任學校行政服務工作，主管單位配發的職章要妥善的保管，避免遺失而導致無法收拾的後果。職章保管比較理想的方式，是將職章隨身攜帶並放在固定的地方，當需要用到職章時可以隨手取用；此外，在蓋職章之前要看清楚文件的內容，哪些內容是和自己的行政業務有關係的，哪些內容是涉及未來行政需要配合之處，如果和自己的行政業務有關係的部分，就需要登錄在行事曆上面。

三、職章的責任與權限

職章的運用是從事學校行政服務時，作為重要文件、公文會辦、意見知會等之用，因而職章本身有其責任與權限，行政人員對於職章的責任與權限必須有深入的理解，才能正確的運用職章。當行政人員蓋了職章就需要為各種決策承擔，為各種校務運作負責任。

四、職章的留用與增刪

職章在學校行政服務階段具有相當程度的權力與責任，因而職章的留用與增刪是卸任行政工作時相當重要的關鍵。當卸下學校行政工作時，或轉擔任另一個新的行政職務時，學校會將職章收回（或留給

行政人員做紀念）。如果學校堅持將職章收回的話，建議在眞正卸下行政工作時才繳回（例如：8月1日卸行政工作，就8月1日繳回），也可以考慮在職章上面用剪刀剪去一角，避免事後被濫用。

你可以精進
▲　▲　▲　▲　▲

一、怎樣避免職章被濫用

　　從事學校行政服務工作，自己的職章當然要隨時攜帶，避免被濫用，也不可以隨手交給其他行政人員或部屬，以免蓋了職章自己卻不了解文件或公文的主要內容。另外，在蓋職章之前，要花一點時間看看文件計畫的內容，哪些是和自己的職務有關係的，哪些是和處室的工作有關係的，哪些是和同儕人員有關係的，必須將這些重要的行事記錄下來。

二、職章應用與簽註要領

　　學校行政服務方面，在公文書會簽時，比較理想的方式是蓋職章之後，在職章下方簽八碼，例如「0822/0930」，前者指的是8月22日，後者指的是上午9點30分，有了日期和時間的簽註，承辦人員就可以了解這一份文件是什麼時候簽註的、什麼時間被知會的。養成簽註八碼的習慣，可以避免很多不必要的行政困擾，同時也可以證實這一份文件是自己簽註的。

三、避免因職章導致疏失

　　職章是用來簽註文件和知會文件之用，表示自己因爲職務的關係，有親自看過這一份文件，了解文件的內容和工作職責。因此，職章的運用要養成習慣，尤其是屬於自己風格的習慣，例如：筆者過去擔任學校行政服務工作，習慣用「特殊品牌的鋼筆」簽註公文，而且

慣用該品牌黑色墨水簽文件，該品牌宣稱「墨水 200 年不會褪色」，
如此養成簽註公文的個人風格，就可以避免被偽造文件。

四、運用職章的要領與訣竅

　　學校行政服務在運用職章時，需要理解各種行政流程的要領，運
用各種技巧處理行政業務，避免因為忙碌或各種因素而導致無法收拾
的後果。職章的運用有各式各樣的要領，需要行政人員養成良好的習
慣，才不會在擔任行政服務時，釀成各種不必要的困擾。例如：各式
文件一定親自簽註，忘了帶職章可以「簽名及簽八碼」取代；卸任行
政工作時，可以將職章帶回作為紀念，或者親自銷毀職章，或者技術
性地破壞再繳回學校。

　　行政服務是一種技術，也是一種藝術。前者指的是行政流程的運
作技巧，後者指的是法理之外的情懷，在二者之間需要取得平衡，從
服務關懷的角度出發，運用各種技巧要領與訣竅，才能在「服務中享
受」、「享受中服務」。

附錄：中小學主任及校長甄試歷年試題

105 年度臺中市市屬公立國民小學候用校長甄選筆試試題

一、何謂實驗教育三法，其理念及立法精神爲何？試申述其對臺灣教育的可能影響，並說明公立國小應有的因應之道。

二、根據教育基本法第二條規定：教育目的在培養具「國家意識與國際視野之現代化國民」，如你是校長，在學校經營上有何具體作爲？

三、根據你自己參與統合視導或校務評鑑經驗暨半年來輿論對此議題的評論，提出未來校務評鑑的模式與重點。

四、「美感教育」的推動是學校教育中相當重要但卻容易被忽略與誤解的議題，特別是許多教育人員都會受到美術、音樂、表演等藝術形式的限制。請就所知論述 (一) 美感教育的理念。(二) 將來在學校推動美感教育的規劃方案。

五、何謂願景領導（Visionary Leadership）？試就校務經營的觀點，闡述該領導理論的實務應用。

臺南市 105 年度國民中小學候用校長甄選國中學校行政組筆試試題

一、我國目前已通過實驗教育三法，請解釋「實驗教育」與「三法」內涵？並評估目前臺南市的公立國中，是否有機會因應實驗教育三法而有創造另類學校的可能性？請舉例說明。

二、OECD 2015 年定義 PISA 科學能力包含「解釋科學現象」、「設計與評價科學探究」、「詮釋科學數據與證據」，其與目前國中所重視的學科知識之差異性何在？您未來領導的國中將如何提升學生們這些能力？

三、1975 年在貝爾格勒召開的國際環境教育會議中，制訂《貝爾格勒憲章》（Belgrade Charter），對環境教育之目的、目標與指導原則有明確的決議，作爲各國推行環境教育的準繩。九十學年度起施行的國民教育階段九年一貫課程，將環境能力五大重點融入七大學習領域。九年一貫課程中的環境教育能力指標爲：「環境覺知與敏感度」、「環境概念知識」、「環

境價值與態度」、「環境行動技能」與「環境行動經驗」。試問身為國中校長，如何得知學生之能力並延續國小環境教育基礎，營造一個良好的環境學習空間。

四、在資訊科技快速發展的時代，教育將成為產業革命中的一環；面對 M 型化的社會與城鄉落差，教育需要落實社會正義。如果你（妳）是位偏鄉國中校長，你（妳）會如何善用資訊科技，強化學生的學習品質並實現社會正義？請提出具體可行之作法及其理由。

五、文化資產是學生對一地歷史文化發展重要的線索，試問文化資產法中的文化資產之內容為何？身為校長如何善用這些文化資產，以增進學生對在地歷史文化的認識？請具體說明。

臺南市 105 年度國民中小學候用校長甄選國小學校行政組筆試試題

一、近年來專業學習社群的推動在學校已逐漸成為風氣，但運作效能尚待提升。若由組織學習理論的觀點，學校校長應如何規劃與推動校內專業學習社群，以促進學校經營品質？請提出具體作法及其理由。

二、何謂正向思考與幸福感？請說明其理論背景、定義與內涵；如果您是一位國小校長，請闡釋您將如何帶領全校教職員工生都能體會並實踐正向思考與幸福感？

三、臺南市政府制定《臺南市低碳城市自治條例》，第二章是關於低碳教育之實踐。其中第七條：「本府所屬各級學校應運用課程教學與校園空間，研訂環境學習課程或教材，並實施多元教學活動，進行學校教職員工及學生之低碳環境教育。」試問身為國小校長，如何繼續在硬體及軟體上改善，延續營造一個永續校園學校。

四、臺南市幅員遍及山區與海邊，存在許多六班以下小校或因少子化所帶來的閒置空間，請說明對一位初任校長而言，其特色學校之具體規劃與推動策略為何？

五、試就下列五建築：熱蘭遮城、孔廟、臺南城、億載金城、德記洋行，說明臺南自十七世紀至十九世紀的歷史變遷，及其在教學活動上之運用。

105 年度臺中市市屬公立國民小學候用主任甄選筆試試題

一、實驗教育三法公布實施之後，辦理實驗教育有其法源的依據，臺中市政府教育局亦積極鼓勵辦理實驗教育，請你就實驗教育三法中的《學校型態實驗教育實施條例》對公立國民小學在辦學上所造成的主要衝擊與挑戰為何？學校主任在學校教育的實驗與創新上，可採行或因應的策略？加以申述說明之。

二、「社會正義」（social justice）是一個很重要的議題，在學校教育過程中社會正義的主要意義為何？尤其是何種領導作為才能具體實踐學校中的社會正義？請申述之。

三、目前教育部推展教師專業發展評鑑與精進教學計畫，並重視學校實施專業學習社群與分組合作學習。請問身為一位學校主任，要如何結合上述計畫，以促進教師專業成長，提升學生學習成效？

四、少子女化的衝擊與學校間的競爭，使得各學校招生的壓力越來越大。各小學往往以學區內學童報到率作為重要招生指標之一。請您就學校辦學特色、課程教學與學務輔導三方面，從學理及社會期待面，研議學校如何建立學區家長信心，將他們的子女留在學區內學校就讀。

五、請就您目前服務學校之情境，撰寫一個針對學校某校本課程進行評鑑的評鑑計畫。

彰化縣 105 學年度國民小學候用校長甄試試題

一、試述彰化縣「校園種電推動綠能」政策推動現況，身為校長如何善用個人魅力、法職權來推動該項教育政策？

二、十二年國民基本教育課程總綱規定，每學年校長與教師需要進行公開授課。請分析校長每年進行公開授課的優點與可能碰到的問題？要如何進行校長公開授課的作法，請說明之？

三、整合學校內部及外部資源，引入社區人力、物力資源，鼓勵策略結盟，並結合鄰近部落、產業、山川景觀、自然生態、人文遺產等特色資源、發展系統化亮點特色課程，是目前學校發展特色之一，如果您是校長，請試擬一份貴校如何推動國民小學營造空間美學與發展特色學校之實施計畫，以

作為貴校發展優質品牌特色學校的依據。

四、針對縮短城鄉數位落差與資源分享整合的議題方面，您如何推動國小教學運用雲端科技特定課程單元實施線上同步視訊教學？所考量之問題為何？評估此舉是否確能達到有效資源分配、縮短城鄉數位落差？為什麼？

五、2016 年 2 月，教育部公布《中華民國教師專業標準指引》，提出十大教師專業標準：(1) 具備教育專業知識並掌握重要教育議題；(2) 具備領域／學科知識及相關教學知能；(3) 具備課程與教學設計能力；(4) 善用教學策略進行有效教學；(5) 運用適切方法進行學習評量；(6) 發揮班級經營效能營造支持性學習環境；(7) 掌握學生差異進行相關輔導；(8) 善盡教育專業責任；(9) 致力教師專業成長；(10) 展現協作與領導能力。以目前學校的運作狀況而言，哪一項教師專業標準最難達成？最難達成的原因為何？你又有何解決策略，以達成此項教師專業標準？

高雄市 105 年市立國民中小學主任甄選試題

一、如果「讓學生跳脫舒適圈、進入勇氣區」是我行政服務工作的核心價值，那身為國民教育階段的處室主任，請分別提出三種積極作為策略與其可能的成效檢核方式。

二、如果您擔任教務主任，您如何進行學校的課程（教學）領導，帶領老師參與教師專業社群，進行共同備課、觀課與議課，以提升教師的教學專業？

三、想像 2030 年，這個城市的發展目標：成為一個「以海洋為主的智慧生活城市」。就人才培育，如果你是總務主任，你會有何具體作法，以呼應城市未來的發展。

四、輔導室常被認為業務最輕鬆的處室，可以有時間準備校長甄試。您認為目前中小學擁有哪些輔導資源可供學校運用，如果您是輔導主任，您如何爭取這些資源協助學校師生進行更有效率的教學與學習活動？

嘉義縣 105 學年度國民小學候用主任甄選儲訓筆試試題

一、我國學生去年在「國際學生評量方案」（PISA）閱讀方面表現不佳，身為國民小學教務主任，要如何提升學生閱讀的能力？請您具體說明。

二、如果您是一位嘉義縣的偏鄉國民小學主任，您會如何協助校長透過「課程實驗」推動國小學校課程改革，發展學校本位特色課程？

三、近年來，國小學生的「學習落差」與「補救教學」，成為學校經營的重要議題之一。您擔任主任之後，如果負責此項任務，請問您的規劃與設計為何？請具體說明之。

四、近年來，學校公共關係的議題普遍受到重視；如果您擔任國小主任，有何具體策略以強化學校的公共關係？

嘉義縣 105 學年度國民小學候用校長甄選儲訓筆試試題

一、新竹光復中學師生因為演出希特勒（Adolf Hitler）閱兵情節，引起國際的關注和撻伐，身為國民小學校長要如何提升學生的基本素養？請您具體說明。

二、何謂「課程實驗」？如果您是一位嘉義縣的偏鄉國民小學校長，您會如何透過「課程實驗」推動學校課程改革，發展國小學校本位特色課程？

三、近年來，由於經濟發展與社會變遷，學生的學習落差成為學校經營的重要項目，請問身為校長如何縮短學生的學習落差？有哪些具體的策略？請具體說明之。

四、請說明變革領導（change leadership）的意義；如果您為國小校長，在進行學校變革時應注意哪些步驟？

嘉義縣 105 學年度國民中學候用主任甄選儲訓筆試試題

一、我國社會正在發生支持和反對同性戀婚姻修法的爭議，身為國民中學學務主任，要如何從人權教育的角度教育學生？請您具體說明。

二、如果您是一位嘉義縣的偏鄉國民中學主任，您會如何協助校長透過「課程實驗」推動學校課程改革，發展國中學校本位特色課程？

三、由於社會變遷與經濟發展的關係，學生的學習落差相當大，您擔任主任之後，對於縮短學生的學習落差會有哪些規劃和具體策略？請簡要說明之。

四、近年來受到少子女化的衝擊，有關建立學校特色的議題廣受討論；若您擔任國中主任，如何透過 SWOT 的運用以建立學校特色？

嘉義縣 105 學年度國民中學候用校長甄選儲訓筆試試題

一、我國教育部正在制定教師專業標準，強調教育專業倫理的重要性，身為國民中學校長，要具備哪些教育專業倫理呢？請您具體說明。

二、教育部公布《十二年國民基本教育課程綱要總綱》強調「核心素養」，請問如果您是一位嘉義縣的偏鄉國民中學校長，您要如何培養國中學生習得107 新課綱所強調的「核心素養」？

三、國中階段的學生，「升學」與「生涯發展」是重要的議題，您擔任校長之後，如何有效針對上述議題做校務方面的規劃？請具體說明之。

四、請說明擬定校務發展計畫時應注意的事項？如果您擔任國中的初任校長，請說明您在擬定校務發展計畫的具體作法。

澎湖縣 106 學年度國民中學候用校長暨國民中小學候用主任甄選

一、國民中小學校在面對今日政府財政緊縮，計畫型補助是爭取建設經費之基礎，如果您擔任學校總務主任，請問如何撰寫改善及充實教學環境設備申請計畫書，向上級機關（教育處）申請補助？請簡易任舉一個整建工程為例，如○○國中（小）○棟屋頂防水整建工程申請計畫書，至少應包含以下項度：

(一) 計畫目標：（請條列說明）

(二) 現況分析：（或問題背景）

(三) 計畫內容：（請敘明擬施作工項項目名稱數量等）

(四) 執行期程：

(五) 經費預算：

(六) 預期成效：

二、學校的學生往往有許多是來自弱勢或失動能家庭，請問如何以三級輔導的概念與機制，結合生命教育、家庭教育及品德教育等實施，幫助弱勢或偏差行為的學生突破困境，並盡可能縮小他們在學習與生活表現上的落差。

三、毒品問題日益嚴重，尤其新興毒品包裝，花樣百出，偽裝成不同形式，讓人防不勝防；防範毒品入侵，在課程規劃上，您有哪些策略？

四、何謂 360 度評鑑？試論述 360 度評鑑應用在學校評鑑的作法及其優劣勢

爲何？

五、學生問題行爲大多導因於觀念偏差，試述情意教育的實施策略。

澎湖縣 106 學年度國民中學候用校長暨國民中小學候用校長甄選

一、何謂「蝴蝶效應」？請引用以下例子提出論述：「自 104 年 1 月 1 日公立學校已納入職業安全衛生法（簡稱職安法）規範範疇，職安法規定學校應依據職業安全衛生管理辦法及各機關學校適用人數級距規模，分別設置甲、乙、丙三種不同職業安全衛生業務主管（簡稱職安主管）等人員。因近年來上級推動行政減量政策，及教師兼任行政意願下降情形下，同仁對職安主管需增加龐大業務且罰責明確，紛紛拒絕兼任。有一位資深的總務主任在群組中帶頭聯署，邀請一起拒絕本項兼任業務，並呼籲上級重視，否則將揚言集體辭去兼任總務主任行政職。」請問擔任校長的您 (一) 如何化解教師兼任行政大逃亡的危機？(二) 您有何具體作法？

二、十二年國民基本教育課程綱要即將於 108 學年實施，請依據教育部 103 年發布的總綱，說明十二年國教課程綱要的願景、基本理念、核心素養及國民中學階段的課程規劃，並簡要說明如何以校長身分領導全體教師推動實踐。

三、試以 PDCA（Plan-Do-Check-Act 的簡稱）爲架構，任舉一種校務推動爲例，說明如何應用此架構，藉以提升學校行政效能？

四、領導與管理有何差異？試以 Fiedler 的權變領導理論說明之。

五、身爲校長，如何領導推動學校共同備課、觀課與議課？

雲林縣 106 年度國民小學候用校長甄選筆試試題

一、何謂「地球公民教育」（global citizenship education），請說明學校如何落實地球公民教育，以培養學生具有地球公民素養。

二、如果您是雲林縣的一位國民小學校長，您會如何透過「課程領導」（curriculum leadership），推動「學校本位課程發展」以提升學生學習素質？

三、爲建構健康、和諧、友善的校園學習環境，教育部訂定每學期開學第一週

爲「友善校園週」。身爲一位校長，請您闡述學校推動友善校園週的具體
策略與作法？

四、學校前後任家長會長長期不合，而且在地方的影響力也相當，您是初來乍
到的校長，要如何因應此種情境？

五、請說明依我國現行特殊教育法的規定，特殊教育班的辦理方式其中有「分
散式資源班」和「集中式特殊教育班」，身爲校長，請列舉並說明學校可
推動哪些措施以協助這兩個班型的身心障礙學生有更好的學習環境？

高雄市 106 年市立國民中小學主任甄選試題

一、如果您剛到一所新設學校擔任教務主任，請問您如何建立教學視導機制，
適時檢核教學過程的執行與教學品質的成效？若發現異常狀況又如何
處理？

二、組織創新是組織永續經營之重要取向，試論析學校進行組織創新之有效策
略與作法。

三、有效教學是十二年國教的重要政策，包括分組學習、小組討論、翻轉教
學……等。身爲主任的您，會如何說服校內教師實施有效教學策略？哪些
教師會是您優先考慮的對象，爲什麼？如何擴大教師與人數？

四、在多元文化教育議題下，「行動在地、視野全球」被視爲是培養學生流動
力（mobility）的關鍵因素之一，然如何兼顧國際教育交流與本土文化教
育，就形成教育活動規劃者的重要挑戰。請從一位學校主任的角度，以
PDCA 格式，嘗試規劃一項國際交流的活動計畫書。

臺南市 106 年度國民中小學候用校長甄選國中學校行政組筆試試題

一、中小學教師專業發展評鑑在國內推動約莫 10 年，許多學校亦努力投入與
建構合宜學校文化與體制。請盤點本政策之主要成效與影響？在此基礎
上，身爲校長如何據以推動校務？

二、十二年國民基本教育課程綱要，即將於 107 學年度實施，請說明其理念與
要點？身爲國中校長，將如何落實推動，以彰顯其理念？請說明具體策略
及方法。

三、Ken Robinson 在《讓天賦自由》這本書中提及「所有的人都身懷獨特的天賦與熱情，能夠驅使我們創造超乎想像的成就。一旦意識到這點，一切都將因而改變。」然而，有人批評當前學校教育在學生受教的過程中，對他們打擊信心、澆熄熱情、扼殺創意、埋沒天賦。

(一) 請您檢視目前國中學校教育中有哪些舉措可能造成上述的反教育效果？

(二) 身爲國中校長，承擔外界多元期許，在學校中將有何作法，讓學生建立信心、點燃熱情、發揮創意、發展天賦，也看見自己的未來？

四、目前臺南市市政府已獲得行政院對「沙崙綠能科學城及創新綠色產業生態系」的支持，將沙崙規劃爲綠能科學園區、文化影視基地、會展中心、創新研發中心及示範場域等具有前瞻性和現代化的智慧城市。試問身爲國中校長，配合未來城市發展，應如何帶領教師規劃課程及活動，以提升國中學生相關素養？

五、「環境教育法」所秉持的基本觀念爲何？又如何在學校教育中實踐？請論述具體作爲。

臺南市 106 年度國民中小學候用校長甄選國小學校行政組筆試試題

一、面對國民小學日益的小校小班化，您覺得對於學生的學習與行政執行兩方面，各有何優點與缺點？身爲校長，您如何克服上述的潛在缺點？又如何發揮學校優點？

二、105 年 2 月 15 日教育部公布國家層級的教師專業標準，展現我國對教師專業知能與態度之期許，形塑教師應具備的能力，彰顯教師的專業形象，內容包含 10 大教師專業標準及 29 項教師專業表現指標。請問 (一) 其中「標準 10：展現協作與領導能力」面向之內涵爲何？(二) 身爲校長如何帶領學校各行政處室激勵與引導學校最重要的人力資源「展現協作與領導能力」，以提升學校辦學品質？

三、實驗教育法通過後，臺南市已有多所國小改制爲實驗學校，試評析經營實驗小學可能面臨的挑戰？若市府請您主持推行實驗教育，試以臺南市一具體學校爲例，說明將以何種理念作爲推動主軸？及適合於該校推動之理由

與具體作爲？

四、臺南市原住民與新住民子女在學校中有無適應問題？對於此一議題身爲校長如何思考解決，並舉例說明其具體作法？

五、至 105 年度爲止環保署核定臺南市環境教育設施場所共有 9 處：環保教育園區、城西垃圾焚化廠、臺江國家公園、天埔社區環境教育園區、走馬瀨農場、曾文水庫北門遊客中心暨井仔腳瓦盤鹽田、南部科學工業園區臺南園區、臺灣南區氣象中心。試問身爲國小校長，如何選擇上述場所，規劃適當課程與學習目標，實施戶外教育？

107 年度臺中市市立國民小學候用主任甄選筆試試題

一、何謂「素養導向教學」？並試以「學習領導」的觀點，說明行政人員如何有效推動素養導向教學以提升學生的學習品質。

二、十二年國民基本教育課程總綱規定，每學年教師需要進行公開授課。請分析教師每年進行公開授課的優點與可能碰到的問題？並請提出如何進行教師公開授課的作法。

三、學校對於新住民子女的具體有效教育與輔導策略可有哪些？試分層面論述之。

四、「以學生爲中心、適性教育、差異化教學」是近年來在教育圈內經常被使用的名詞，但要眞正落實在教育現場，讓每個孩子都獲得適性發展卻不容易。如果您是一位國小主任，請分析學校未能落實適性教育與差異化教學的原因，並針對各項原因，具體提出有效的作爲。

五、社會變遷快速，各界對於學校教育期待深切，如何使學校變得更聰明，既要快速反應社會與家長之期待，又要彰顯教育的價值與使命，身爲學校行政組織的成員，如何掌握社會脈動，請說明在學校行政規劃上的原則步驟與方法？

高雄市 107 年市立國民中小學主任甄選試題

一、十二年國民基本教育強調適性學習，進以降低學生升學壓力。國中小學校在課程設計、生涯輔導、社團活動推動上應建立哪些方向及策略配合適性學習的落實。

二、請分別以國中小各處室主任的角色以及學校整體性的觀點，論述各處室之間如何共同合作形塑學校文化並發展特色課程，落實學校教育的核心價值，發揮教師教學與學生學習的綜效。

三、智慧教室（SMARTER classroom）是未來教學的趨勢，您如何規劃一間智慧教室並結合智慧教學的行動學習方式來提升教師的教學能力？

四、2010 年高雄縣市合併，合併後的高雄市成為臺灣幅員面積最大的直轄市，也是災害類型最多元且複雜的城市。作為以宜居城市為發展目標的城市，災害防治無疑的是最關鍵的議題之一，而「中小學教育」作為公民素養培育的重要環節，請就以下問題，提出您的見解：

(一) 請論述現今在高雄市轄內推動防災教育的困境？

(二) 針對上題中之困境，身為一位中小學主任可有何突破或改善作為？

嘉義縣107學年度國民小學候用主任甄選儲訓筆試試題（申論題部分）

一、身為一位國小主任，除了要落實三級輔導的政策規範外，您會如何協助班級導師落實中輟高危險群學生的預防和輔導工作？

二、教育部推動「美感即生活－從幼扎根、跨域創新、國際連結」為理念之「美感教育計畫中長程計畫－第二期五年計畫（108-112 年）」。請您針對「美感教育」政策，試擬國民小學學校美感教育計畫。

三、「善用教育資源，提升學校經營品質」是校務經營的一項重要原則。如果您是一位國小主任，請先檢討目前在教育現場上，常見的教育資源運用問題與原因，並提出具體有效的改善作法及其理由。

四、學習方法是帶得走的能力，也是素養導向課綱的重要內涵。請問您會規劃哪些學習方法的教師專業研習活動，以幫助學校教師提升教學專業，並請說明您所依據的原理。

嘉義縣107學年度國民小學候用校長甄選儲訓筆試試題

一、學生的生活教育和品德教育可說是一切教育的根本，以品德教育來說，各縣市亦訂有品德教育的核心價值，以嘉義縣爲例，品德教育的核心價值包括：熱誠、關懷、審美、健康等四項。請試評析本縣所訂之核心價值與國小學生的連結性？並提出您個人認爲國民小學階段學生在品德教育上應具備的核心價值？

二、「支持另類教育，推展實驗教育，創造多元學習機會，保障國民受教權益」是近幾年教育趨勢。以嘉義縣而言，目前已有幾所實驗學校如火如荼開展實驗教育。試問：若您擔任初任校長時，就職學校將成爲實驗學校，請問您將如何進行學校經營與發展？

三、大型學校與小型學校的內、外部環境有許多差異。由權變領導的觀點而言，領導者須因應不同領導對象與環境，採取最有效的領導方式與決策作爲。如果貴縣將提升國小學生英語能力作爲重要教育政策，請分別針對大型學校、小型學校在推動過程中，校長所應採取的領導方式與推動策略，進行論述。

四、多年來補救教育一直受到高度重視，官方與民間單位也陸續開發出多種補救教學系統。試描述至少一種補救教學系統的內涵，並且評估如何運用該系統，以提升貴校學生的學習成就。

嘉義縣107學年度國民中學候用主任甄選儲訓筆試試題

一、從國民中學學生的生涯輔導到技藝教育再到學生高中職入學的志願選塡，三者之間具有高度的關聯性。請評析現階段在作法上有哪些地方需要加以檢討改進以及如何改進，請具體說明之。

二、教育部推動「美感即生活—從幼扎根、跨域創新、國際連結」爲理念之「美感教育計畫中長程計畫—第二期五年計畫（108-112年）」。請您針對「美感教育」政策，試擬國民中學學校美感教育計畫。

三、學校爲營造良好的教育情境，會在廁所、走廊、樓梯臺階、或其他設施設備，貼上英語、臺語、諺語等文字，以便讓學生可以在潛移默化中產生學習。如果您是該校的教務主任，請先提出您對該項措施的評價？其次，闡

述您會採取何種作為，俾發揮境教的功能？請說明具體作法及其理由。

四、國中學生霸凌事件層出不窮，您認為霸凌事件的加害與受害雙方有何心理特性？您又將如何處理學校的霸凌事件？

嘉義縣 107 學年度國民中學候用校長甄選儲訓筆試試題

一、如果學校師生在校外教學活動的返程途中，發生重大的交通意外事故，在第一時間您接獲通知確實有師生傷亡，接下來您會有哪些具體的作法讓學校在最短時間內掌握正確資訊並協助後續處理，讓整起事件對學校的影響降至最低，請具體說明之。

二、十二年國民基本教育已有相關配套措施，然而今年 108 課程綱要即將實施，此一政策，對嘉義縣國民中學影響為何？請申論您的看法。

三、教師是影響學生學習成就表現的重要人物；而教師的專業能力與投入更是決定學生有效學習的關鍵。在教師領導的理念下，教師專業學習社群已成為當前促進教師專業發展主要模式之一。如果您是一位偏鄉國中校長，您要如何領導教師專業學習社群強化教師專業能力與投入，以有效改善學生學習表現欠佳的問題？請提出具體的改善作為，並說明其理由。

四、閱讀能力對於學習相當重要，但是閱讀並不僅限於語文領域。請針對至少包括語文領域（國文、英文或母語任選一科）與自然領域（理化、地科或生物任選一科），說明如何在您任教的學校推動跨領域的閱讀教學。

苗栗縣 107 學年度國民中小學候用校長甄選試卷

一、教師專業發展不但攸關教師教學品質的提升，也是確保學生學習成就的關鍵。請問：教育部於 2017 年 8 月公布實施的「教師專業發展實踐方案作業要點」之重要內容為何？中小學校長要如何透過領導實踐來促進教師的專業發展？

二、素養取向的教育重德育，國內已有教育學者倡導用「新五倫及其核心價值」，來進升傳統「五倫之教」的德育。新五倫價值教育大要為：第一倫「家人關係」（核心價值是親密、依存），第二倫「同儕關係」（核心價值是認同、共榮），第三倫「師生關係」（核心價值是責任、智慧），第

四倫「主雇關係」（核心價值是專業、創價），第五倫「群己關係」（核心價值是包容、博愛）。請問您認同嗎？如何來推動與實踐？

三、自古以來，東、西方知名教育家或教育學者所主張的教育目標，主要不外乎兩者：「知識的傳授」與「人格的陶冶」。然而，自二十一世紀以來，隨著全球交通與資訊溝通科技（ICT, Information Communication Technology）與各種產業智慧化的快速發展，教師「知識傳授」的功能已經逐漸被資訊溝通科技（ICT）所取代，學生們可以透過網際網路資源取得各種知識。此外，與人際互動和價值澄清等教育活動密切關聯的「人格陶冶」教育也受各種新興的溝通科技和社群媒體所影響。請問，學校行政主管（或學校領導者）將如何作為，以因應新時代的衝擊，並達成教育的目標。

四、近年來世界各國為提升國家競爭力，致力於培養具創造力、能學以致用的人才，創客運動（Maker Movement）蔚為風潮。我國行政院於 2014 年起推動三階段「vMaker 行動計畫」，2016 年起在各縣市中小學成立「自造教育示範中心」，希冀創客教育能在校園中扎根，激發更多的生命潛能。試說明創客教育的核心理念，並就學校層級論述落實此教育的具體作法。

五、在大多數社會中，不需要很費力就能聽聞年輕孩子發生可怕或令人震驚的新聞。研究青少問題的學者們經常會對一系列風險問題，以「內化問題」（internalizing problems）和「外化問題」（externalizing problems）做一個區分。請問：

(一) 以您目前在中小學階段服務的經驗來看，較常出現的前三種「內化問題」類型為何？又發生率較高的前三項「外化問題」的類型是哪些？

(二) 美國心理學家布朗芬布倫納（Bronfenbrenner）曾提出生態系統理論（ecological systems）強調：兒童及青少年的成長發展是受生物因素及環境因素交互影響。其中環境可分為四層，身為教育工作者必須了解到各層次對學生的影響：

　　1. 微觀系統：指與兒童有切身關係的生活環境。包括家庭、學校、友伴及社區。

　　2. 中介系統：指上述兩個微系統（如家庭、學校、友伴及社區）之間產生連結與相互影響，如親師互動、家人與友伴群體相處的影

響、學校與社區機構、宮廟或教會組織合作等。

3. 外在系統：指兒童未直接參與，但影響兒童及青少年成長的因素，如父母的工作環境，學校的教育方向及社區資源的運用等。

4. 巨觀系統：指文化內涵、政治理念、法律制定、教育政策、社會階層及國際間所發生的時事，都可能波及或影響各國人民生活。

請您根據這個理論的主張，具體舉例說明教育工作者如何注意與最佳化各個系統，以產生有效預防或減低內、外化問題的輔導策略，並試著去幫助學生創造有利的成長環境。

臺南市 107 年度國民中小學校長甄選國民小學筆試試題

一、未來教育受到資訊科技影響，107 課綱亦強調校本課程、彈性課程，請問本市國民小學在推動新課綱時，如何從環境設備、資訊科技能力及其倫理等面向，進行校本課程的規劃與實施，以提升學生運用資訊科技，增進其表達溝通、團隊合作、創意問題解決、批判性思考及自主自律的素養？

二、美國學者 E. Dale 於 1946 年提出學習金字塔（The Cone of Experience）的概念，請說明學習金字塔的重要內涵為何？由學習金字塔的啟示，校長如何能以首席教師（Head Teacher）之思維，提出促發學校教育民主化及教師教學轉型之多元渠徑？

三、偏鄉學校學生的學習情形與都會區學生有所差異，試問其原因為何？並論述「偏遠地區學校教育發展條例」的通過，對於改善偏鄉教育及學校校長領導具有何種意義？

四、補救教學在國小時期相當重要，許多處境不利之學生不僅有認知上的需求，更有情意與學習動機上的問題。請說明教務、學務與輔導何以在補救教學上合作。

五、婚姻移民形成新住民家庭增加，請問就您的觀察本市新住民子女在適應上可能的問題有哪些？又弱勢家庭子女可能的困境為何？當上述問題發生時，您期待班級教師如何積極作為？如果班級教師不作為，身為校長的您如何介入？

臺南市 107 年度國民中小學校長甄選國民中學筆試試題

一、教育部「十二年國民基本教育課程綱要總綱」強調以核心素養為課程發展
之主軸，試問核心素養的意涵為何？其中國民中學教育階段論及「具備理
解情境全貌，並做獨立思考與分析的知能，運用適當的策略處理解決生活
與生命的議題」為例，校長如何妥善於團體活動或彈性學習時間加以有效
規劃與運用？

二、為建構智慧城鄉教室，本市已導入雲端中心，請說明學校在建置資訊教室
或購置教學設備，以及推動教材與學習資源數位化可有的作為。

三、假設您是小型、偏鄉，以及學生學業成就低落的初任國中校長，請問如何
在教師兼任行政意願低落的氛圍下，布局並開展校務？試分析提升學生學
業成就的具體策略？試舉例可以協助學業成就低落學生獲得成功的其他
途徑？

四、親子關係和師生互動是形塑學生行為的重要臍帶，更是影響學生學習動機
與成效的關鍵因素，請問 (一) 營造一個具有溫度的教學環境和學習風氣
需要考量哪些要件？(二) 身為校長，您有何具體作法？

五、十二年國民基本教育的理念之一，強調適性揚才、多元進路，身為國中的
校長該如何領導學校，以落實對學生的生涯輔導？

彰化縣 108 學年度第十九期國民中學候用校長甄試試題

一、企業界很多組織中盛傳一句話，「change, or die」。試問影響學校組織變
革的因素有哪些？以學校而言，推動組織變革的應為與難為之處為何？試
分別論析之。

二、經濟合作暨發展組織（OECD）除每三年進行一次「學生能力國際評量計
畫」（PISA）外，亦自 2008 年起每五年進行一次「教學與學習國際調
查」（Teaching and Learning International Survey, TALIS）。由於我國已
於 2018 年首次參與「教學與學習國際調查」（TALIS 2018），試說明「教
學與學習國際調查」的主要訴求，進一步分析關於我國的主要調查發現與
世界發展趨勢，並以一所國中校長的高度來思考 TALIS 2018 對貴校可能
的挑戰與啟示。

三、學校在推動家長參與學校教育以提升辦學效能的同時，如何避免再製或加劇學生教育機會不均等的問題，試提出具體的行動策略。

四、發展國際教育可培養學生的國際觀，擴展學生的國際視野，讓學生能順利與世界接軌。基此，若有美國 Ohio State 的 Evergreen 中學主動來函要與貴校締結姊妹校，加強兩校之間的交流。請擬定一份兩校交流計畫，從行政面、教師面及學生面等三個面向論述如何進行交流。

五、請就少子女化趨勢與數位落差現象，各自分析學校在社區化的具體作為。

彰化縣 108 學年度第二十期國民中學候用主任甄試試題

一、邇來評鑑簡化的呼聲很大，目前在推展學校評鑑時遭遇到的主要問題有哪些？學校評鑑如何簡化？其具體策略與作法又為何？試分別論析之。

二、「網紅世代」是描述現代青年的重要概念，其中教學現場中更可發現學生對成為「網紅」的期待遠大於醫師、律師與教師。試先分析「網紅世代」此一青少年文化的意義，進而以一所國中主任的角度來思考其利弊得失，並提供可行的因應策略。

三、為消除性別歧視，促進性別地位的實質平等，如何在國中校園中落實性別平等教育？

四、為了促進學生多元能力的發展，學校除了重視學生課業的學習之外，也應重視學生多元的學習活動，學校規劃學生多元學習活動需要全體教職員的充分討論，以凝聚共識，決定多元活動的發展內容，才能有效地推動。假如您是學校學務主任，校長要您規劃學生多元學習活動，您要如何推行，請回答下列問題：

(一) 學生多元學習活動內容，若教師們有很多不同意見，您如何凝聚共識？

(二) 您認為學生多元學習活動應該包括哪些內容比較合宜？

(三) 如何評估貴校實施學生多元學習活動的成效？

五、若是運用社群媒體協助進行親師生溝通，從中您想達成的目的為何？又應該避免什麼問題？

彰化縣 108 學年度第十九期國民小學候用校長甄試試題

一、試述何謂「第三空間領導」（The Third Space Leadership）？並申論第三空間領導的核心技術對校長在校舍建築及校園規劃工作推動的啟示？

二、教育部為配合「國家黃金十年計畫」，2011 年首次提出「中小學國際教育白皮書」，並於 2019 年研擬完成「中小學國際教育白皮書 2.0」草案，希望在 2020 年推動「國際教育 2.0」。您認為身為一位彰化縣的國民小學校長，應如何在學校中推動國際教育？有哪些具體可行的策略？可能遭遇的問題及解決之道為何？

三、校長身為學校最高領導者，其領導風格影響學校運作成效甚大；教師與社會大眾對於校長亦有諸多期待，期望校長可以發揮領導能力帶領學校前進。試問：何謂「變革領導」與「課程領導」？身為校長的你（妳），如何在校內推動「課程領導」？

四、我國目前補救教學政策透過教育部學習扶助科技化測驗平台的運用，對於學生的程度與進度率有一定程度的掌握，然而仍需持續追蹤補救教學之成效。身為學校領導人，你會如何執行補救教學以改善現有的不足與限制？

五、阿明是一位個性內向的學生，出身於經濟弱勢的家庭，因常受到同學的霸凌，導致阿明害怕上學。知悉後的父親相當生氣，偕同議員至校長室理論。面對憤怒的家長與議員，身為該校校長的你（妳）應如何處理此問題？

彰化縣 108 學年度第二十期國民小學候用主任甄試試題

一、試述何謂「融合教育政策」？請從輔導主任的工作角色申論如何應用融合教育政策之核心技術來推動班級輔導工作？

二、創客（Maker）的精神主要在於激發學生的創新能力，教育部積極推動「自造教育運動」，目的在於發揚創客的創意手作精神。彰化縣在 2017 年設立「彰化縣自造教育示範中心」，從基層推展創新自造運動的教育使命，帶動全縣自造教育的風潮。您認為身為一位國小主任，應如何協助校長在學校推動自造教育？可能遇到的問題及解決之道為何？

三、組織識別可以從理念識別、行為識別與視覺識別三方面切入，為組織營造

更好的品牌形象，並且讓相關利害人更熟知此組織。若將其運用到學校組織中，身爲主任的您，如何發揮「視覺識別」的功能，提升學校形象與知名度；請從「視覺識別」角度切入，提出學校可行之具體運作策略？

四、依十二年國民基本教育課程綱要總綱，學校應規劃彈性學習課程，其可以包含跨領域課程、主題課程、補救教學、特色課程等，但如何讓教師願意投入課程發展與課程的革新變化，是課程成功重要關鍵。身爲學校主任，可以如何規劃與推動具有效能及前瞻性的彈性課程？

五、樂民國小位於人口流失嚴重的村落，其校園周遭皆被甘蔗園所圍繞，並常有不明人士故意躲藏於甘蔗園中，帶給該校師生恐懼與不安。針對此校安問題，身爲該校總務主任的您請提出具體且可行的解決之道。

澎湖縣 108 學年度國民中小學候用校長暨候用主任甄選 國民中學候用校長筆試試題

一、「校長素養導向領導」是近年受到關注的議題。請問「素養導向領導」（Competence-based Leadership）的意涵爲何？若澎湖縣教育處要推動中小學「校長素養導向領導」，你／妳認爲有哪些實踐策略？

二、十二年課綱中，中小學階段特別強調校訂的彈性學習課程，請說明學校彈性學習課程的類別。並請說明如何透過學校彈性學習課程的規劃發展學校的特色，請以澎湖學校特色發展說明之。

三、請簡要說明「偏遠地區學校教育發展條例」的主要立法目的，及其對澎湖國民中小學未來教育發展的意義。

四、夏山學校（Summerhill1）創辦人尼爾（A. S. Neil1, 1883-1973）倡議：「讓學校適應學生，而非讓學生適應學校。」試請評析尼爾的倡議，並敘明「學生到學校上學」的理據。

五、何謂科技批判論？試說明當一位校長對資訊科技應用於教學是持科技批判論的觀點時，其在領導學校推動資訊科技應用於教學的重點爲何？

澎湖縣 108 學年度國民中小學候用校長暨候用主任甄選 國民中學候用主任筆試試題

一、有家長具名檢舉,他的小孩長期遭受同班數位學生集體霸凌以致拒絕上學。如果你/妳是教務主任接獲此檢舉信,請說明將採取哪些行政作為?若經查證前述集體霸凌案屬實,試說明有何具體的因應策略?

二、澎湖許多學校多為小班小校,為提供學生多樣化學習情境,體驗不同文化風情與生活,增進生活經驗,擴展學習視野,教育部推動「城鄉共學專案」,利用多元管道之共學方式,如:虛擬網路視訊、實體互訪交流等,進行研討與教學成長活動。擔任主任的你/妳如何規劃執行上述的活動擴展學生學習視野?

三、請問澎湖有多少學校學生人數少於 50 人?你/妳認為,這些學校主要共同面臨的三個最重大挑戰是什麼?請分別指出重大挑戰內容,並簡要提出可能的解決構想。

四、關於「教師兼任行政工作」,向來是學校行政必須面臨的難題或挑戰。請先診察「教師兼任行政工作」的正向助力與負向阻力,並提出增進「教師兼任行政工作」的具體建議。

五、何謂教師領導?作為中小學的主任,你/妳會如何強化教師領導以提升處室的效能?

高雄市 108 年市立國民中小學主任甄選試題

一、美國教育部最近頒布州際共同課程標準(Common Core State Standards),大部分州採用其中的閱讀素養標準(literacy guidelines),說明現今的閱讀教學不再以敘述文(narrative texts)為主,應多增大量的論說文、說明文、演講等非敘述文文章。請分析此種閱讀教育改變,是否合宜?

二、教育旨在「教人之所以為人」,品德教育之落實至為關鍵。請說明品德教育之意涵與核心價值為何?身為學務工作者,有何具體可行的策略?如何建立自我檢核機制?又其效益為何?

三、教育部在國民中、小學學校輔導工作參考手冊中,提出 WISER 模式的學校輔導工作架構圖,請依 WISER 內涵,分別說明學校三級輔導工作的內涵。

四、21 世紀最響亮的口號與目標，莫過於追求永續發展的綠色環境，因此綠建築（green buildings）的理念成為學校環境規劃的重點。高雄市 2017 年啟動「新校園運動 5.0 版」，預計 2019 年底前完成 13 所國中小銀級以上綠建築校舍。學校綠建築的規劃與設計重點為何？請具體說明之。

高雄市 108 年市立國民中小學主任甄選試題

一、歐盟 2018 數位教育行動方案（Digital Education Action Plan），規劃在 2019 年底前，讓歐盟會員國學校教師及學生完成數位準備（digital readiness）。請您分析國內因應數位教育的來臨，學校內部對於課程教學應有何準備作為？

二、何謂校園性侵害、性騷擾、性霸凌事件？若學校不幸發生「師對生」之性平事件，依學務主任之權責，其所依據的法規、處理的流程及應有的作為各為何？請說明之。

三、融合教育已是當前特殊教育的主流，試舉一例特殊需求學生類型，說明在學習與行為二方面有何特徵？並擬定具體輔導策略。

四、徹底落實中英文雙語教育，確保高雄下一代的孩子們能夠有國際視野以及國際移動的能力，是高雄市政府重大教育政策。就校園建築與環境設施而言，國中（或國小）雙語教育環境如何建置？請舉例說明之。

臺南市 108 年度國民中小學校長甄選國民小學筆試試題

一、近年來，政府部門為強化學校午餐食材安全，推廣在地食農教育文化，具體推動學校午餐採用「四章 1Q」政策，請問學校應如何配合推動此政策？

二、少子女化的風潮來襲，許多小學班級數亦逐年減少。因此，校園的空間相對越來越充裕。請您就校長的觀點，針對校園空間的活用，提出具體的作法及理由，俾利學生學習品質的提升與社區關係的進展。

三、面對 108 新課綱的公布，素養導向教學成為這一次課綱推動的核心。身為校長必須扮演教學領導者的角色，更要帶領教師做好課程與教學的轉化。請問九年一貫課綱和 108 新課綱的差異在哪裡？校長該如何發揮教學領導協助教師做好課綱轉換過程中應有的調整並進行有效教學？

四、何謂沉浸式語言教學？何謂雙語語言教學？身為國小校長，您將如何統整校內外資源推動何種語言教學模式，以提升學生本土語及英語能力的習得。

五、教育基本法指出應保障學生的學習權、受教育權、身體自主權及人格發展權，請簡要說明其意義，而您身為校長在推動學務工作時，對此將有哪些作為？

臺南市 108 年度國民中小學校長甄選國民中學筆試試題

一、十二年國教新課綱相當強調「核心素養」，素養導向評量是當前教育測驗與評量的發展趨勢，試問學校要如何規劃學生學習成就評量事宜，以符應素養導向評量之趨勢？

二、近年來私立中學辦學特色日益彰顯，招生積極度高，提供了學生家長選擇學校的多元性；相對而言，對於公立國民中學招生辦學的壓力也越來越高。在教育市場上，樂見良性競爭，亦希冀在良性競爭下，掀起「鯰魚效應」（指透過引入強者，激發弱者變強的一種效應），使得各校辦學有特色，學生皆能適性揚才。若您初任校長的學校，面臨少子女化的險峻，學校又地處私立中學招生兵家必爭之地，您會採取哪些作為，如何評估這些作為的績效，建立辦學特色，與周邊聯盟學校掀起「鯰魚效應」，造福學子，促進學校永續發展。

三、如果您是一所偏鄉小校的國中校長，少子化的現象使得學校的校舍空間變得相當充裕，正好當前政策也積極地推動校園空間活化利用，有一機構很想要承租部分校舍空間作為社區安養中心之用，您是否會支持本案？對此案有何基本的立場或想法？又會有哪些後續的作法？

四、高關懷學生來自社會問題產生的高風險家庭，而高關懷學生各種輔導計畫，需要家庭、社福機構、學校教育三方的相互配合。請檢討目前學校三級輔導工作的瓶頸，並提出改善的具體作法。

五、學校發展若需要籌措預算之外的經費和人物力資源，請問您覺得身為校長，對此應有哪些認知和可行策略？

屏東縣 109 年度國民中小學校長主任甄選國中校長甄選筆試試題

一、近年來，我國青少年沉迷於網路與 3C 產品，而產生所謂「網路成癮」及「手機成癮」現象。再者，根據內政部警政署統計，近 3 年我國少年嫌疑犯涉案類型主要是竊盜、傷害、毒品、詐欺等。雖因少子化影響，犯罪青少年人數逐年下降，但情況仍日趨嚴重。此外，衛生福利部統計處公布，至 2018 年我國青少年自殺死亡率近 5 年明顯逐年攀升。這些情形再再顯示目前我國國中生的身心發展面臨重大挑戰。身為國中校長的您，請提出一份能結合屏東縣政府各局處資源、學校特色及社區動能，並能確實促進學生身心健康且減少學生偏差行為的計畫。

二、課程發展過程包括課程目標確立、課程選擇、課程組織、課程實施及課程評鑑等核心步驟。(一) 請說明何謂「課程評鑑」。(二) 當代教育趨勢，鼓勵教師具備課程發展知能。若您為屏東縣國中校長，身為學校課程發展領導者，您將建立何種完善之「課程評鑑機制」，使其能結合學校特色，並能提升教師課程發展專業知能，且促進學生學習與身心發展呢？

三、請說明「屏東縣國民中學與國民小學邀請家長參與公開授課或其他課程與教學相關活動原則」的內容重點，從行政推動上及教學領導上，評析其對學校教學的影響與衝擊，並如何加以因應。

四、所有教育政策／措施推動時，都會有兩難的情況，請實際擇取一個教育政策／措施為例，請分析學校在推動上會面臨的兩難問題為何？及作為一個學校領導者，該如何加以面對並因應？

彰化縣 109 學年度國民小學候用主任甄試試題

一、近年來，縣教育處不僅重視學校建築規劃，更積極推展校園美學。試簡述學校建築規劃的涵義？並就校園空間之美，舉例要述校舍建築、校園、運動場地和附屬設施之美化如何為之？

二、請說明在「新自由主義」下的校務經營特色，以及在此特色下，如何輔佐校長凸顯學校在辦學部分的與眾不同？

三、許多學校為了實施特色課程而借重校外具有相關專長的人士入校授課，但長久之後，校內的教師卻逐漸習慣依賴校外人士，將課程的相關工作交給

校外人士。您認爲在發展課程的過程中，學校教師與校外專長人士應該建立怎樣的合作關係，才有助於學校課程發展的永續？

四、有位小學二年級疑似學習障礙的學生在班級中常有問題行爲產生，造成老師教學上的困擾，但家長因怕學生被標籤化而不願接受特殊學生鑑定。請問您身爲主任會如何處理這樣的情形？

五、何謂校園性侵及性騷擾案件？學校爲避免校園性侵及性騷擾案件發生，在預防方面學校應該有何策略？如發生校園性侵及性騷擾案件時，身爲主任的您會如何處置？

彰化縣 109 學年度國民小學候用校長甄試試題

一、請依貴校之情境（先用 200 字簡述現服務學校背景），您是新上任的校長，預計在週三教師進修的時間，以「彈性學習課程發展」爲主題，爲全校教師短講 15 分鐘，請您：

(一) 擬訂 500 字的短講大綱（可包含 Why、What、Who、Where、How 等，項目及順序自訂）。

(二) 自擬二則教師可能的提問及您的回應（每則約 100 字左右）。

二、什麼是 STEM 與 STEAM 課程？站在校長的高度，如何設計與上述兩種課程精神結合的學校特色課程？在實施過程之中，可以用何種機制確保課程目標可以如實達成？

三、許多偏遠小校因生源不足而面臨併校或裁校。爲了學校生存，校長常結合當地生態或人文發展特色課程，藉此吸引學生入學。這些特色課程大多脫離原有學習領域內容，以活動型態爲主。有人認爲這些特色課程只是學校行銷的權宜方式，對學生的能力增長並無實質助益；有人則認爲是一種創新作法，值得推廣。請以您所知的案例說明怎樣的特色課程對學生學習具有實質意義。

四、臺灣訂有聯合國身心障礙者權利公約（以下簡稱 CRPD）施行法，請根據 CRPD 說明「融合教育」意義？並請說明身爲校長，應如何營造融合教育的校園環境？

五、何謂六個標準差（Six Sigma）？假如您是校長，您又如何應用六個標準差的理念與策略，來經營您的學校，使學校的行政更有效能與效率。

高雄市 109 年市立國民中小學主任甄選試題（自行申請）

一、在授課節數無法增加下，如何實施「學科內容與語言整合學習」（Content and Language Integrated Learning, CLIL）教學，部分領域（科目）如藝術、綜合、健體、自然等，採全英語教學，兼重英語和學科內容學習。請論述學校如何落實此雙語教學計畫的具體策略。

二、請說明訂定輔導管教辦法需要參與的人員為何？訂定此辦法時可能牽動學校哪些法規的修定或討論？亦請依據辦法中的規定舉出至少三個教師可能違反輔導管教辦法的事例，其中一例必須與罰站有關。

三、某天中午，小葵和女同學一起來到輔導室，指控他們在運動會上遭受到某位男同學的性騷擾。而且他們曾經告訴導師，但是導師並不以為意。您判斷他們並不是開玩笑的，那麼，接下來您應該如何處理呢？

四、何謂「通用設計」（universal design）？如果您是總務主任，您要應用哪些策略或作為將此理念融到學校相關設施和設備的規劃與建置。

高雄市 109 年市立國民中小學主任甄選試題（校長推薦）

一、十二年國民基本教育課程綱要以「成就每一個孩子—適性揚才、終身學習」為願景。請奠基於心理學者 Howard Gardner 的多元智能（Multiple Intelligences）理論，闡述您會如何協助每一位孩子適性揚才、終身學習？

二、學校因為一位導師可能出現已違反學生輔導管教辦法中的不當管教情事，學生家長透過 1999 投訴學校的處理不當，請說明：(一) 當此案件轉到學校後，身為處理此事件的主任應有的處理程序為何？(二) 當案件在學校發生時，學校應如何妥善處理方可避免造成家長對學校的不諒解而投訴學校。(三) 輔導管教辦法訂定過程中，需考量的因素？及訂此辦法時，還有哪些校內法規需隨之修正討論。

三、根據高雄市推動雙語教育「四箭齊發，五力全開」計畫，「英語力」隨著數位科技的發展在全球加速擴散，運用資訊科技及網路，進行遠距視訊英語教學，縮短偏遠校區及弱勢地區英語落差是提升國人英語力的有效策略。如何透過校園資訊教育的推動，善用新興科技、線上平台、直播共學

等科技工具，整合英語學習數位資源，普及英語學習機會與資源，提升學生聽、說、讀、寫英語力。請說明學校可以配合此政策的具體作法？

四、「工程即課程」之概念乃是當前校園營造的重要方向。如果您是總務主任，您要應用哪些策略或作為將此概念融到學校相關工程的規劃與建置。

嘉義縣 109 學年度國民中學候用主任甄選儲訓筆試試題

一、十二年國教期許學校在校訂課程中，能以跨領域／科目或結合各項議題等方式來進行課程改革，希望提供學生跨領域統整的學習機會，養成其探究思辨、價值澄清、社會行動等能力。108 年嘉義縣「創新教育白皮書」即指出，學校教師「能透過課程整合資訊科技，完成科技專題，鼓勵學生創意發表」。請說明：

(一) 本縣推動「體驗科技、使用科技到跨域應用、規劃與創新能力養成」，為支持教師實踐該類課程與教學，校內行政單位應支援協作的工作項目有哪些？

(二) 為促進學生具備基本的科技素養和媒體識讀能力，您對教師資訊科技專業增能的規劃為何？請說明其具體的執行策略與理由。

二、正念（mindfulness）能對個體產生極大的效用，促進自我接納、關懷與勇氣，藉此提升生活品質，所以正念可以幫助學生學習，亦有助於學生情緒控管、提升專注力、認知功能與學業成就。近幾年國外開始重視正念教育的運用，發展正念課程、教學方法、師資培育等，希望透過正念的推廣來提升教育品質；將正念融入教育領域，使孩童產生許多正向作用。試問正念教育的概念為何？學校要如何推動正念教育？

三、嘉義縣「創新教育白皮書」行動綱領之一是「建置學校國際化雙語學習環境」，國中如何落實此一行動綱領？試具體說明之。

四、嘉義縣未來發展「學校型態國際實驗教育學校」是點亮嘉義囝仔的未來政策願景之一，請就教務與總務兩個主任工作提出規劃建議？以及說明這兩處的亮點與困難？

五、教育部近年來積極推動國中會考學生成績「減 C」計畫。請分析此一政策的意義，並說明應採用哪些策略以達政策目標。

嘉義縣 109 學年度國民中學候用校長甄選儲訓筆試試題

一、蔡總統於 2020 年 6 月重申「2030 雙語國家計畫」，並將花 10 年來營造英語生活環境，其目的在促進我國具國際競合能力，又能兼顧區域主體性的永續發展，「全球在地化」即是推動雙語教育關鍵的要素之一，亦即嘉義縣如何創造納入本地需求或特色的全球化適應。我國雙語教育目前多採「學科內容和語言整合教學」（Content and Language Integrated Learning, CLIL）課程的規劃來實踐，請您說明：

(一) 對 CLIL 課程與教學的了解與評價？

(二) 目前嘉義縣國中雙語教學的推動現況及其問題挑戰？

(三) 如果您是國中校長，您會採取哪些具體策略，俾利啟動學校行政團隊和教師共同規劃雙語教育的課程與教學。

二、初來乍到的 D 校長面對六十幾班、學生一千六百多人的學校，感到十分陌生，加上一百二十幾個教職員工，一時還認不清楚誰是誰，尚須面對爭執不下的新建大樓設計案，學校兩方人馬各衛其道，一方強調發展學校既有特色排球，要挑空三四樓、加高變更為排球場；一方堅持蓋教室，增加教室間數，增加專科學習空間；雙方各執其是。前任校長為此所苦，設計師也不知如何設計，造成大樓規劃設計停擺，教育處憂心執行不力，經費恐被教育部收回。如果您是 D 校長，面對校舍重建堅持己見的雙方，您會採取何種策略來化解？校長對於重建大樓工程不清楚，進行策略分析要做的第一件事是什麼？

三、雲端、人工智慧、物聯網、機器人、大數據等智慧科技浪潮，打破學習藩籬，也促進智慧校園的快速發展。何謂智慧校園（smart campus）？國中智慧校園在教學和安全上應如何規劃與建置？請具體舉例說明之。

四、身為嘉義縣國中校長，如何培養學生愛鄉的在地情懷，建立對家鄉的認同感？如何讓學生具備對家鄉的人文歷史與產業生態的認知與素養，散播未來青農返鄉的種子。

五、臺灣各級學校目前面臨教育系統內外如課程改革、少子化、全球化與疫情等社會變遷，亟待變革以適應與創新。如果您是新任國中校長，您認為當前最重要的學校變革方向為何？要運用哪些策略？

臺南市 109 年度國民中小學校長甄選國民中學筆試試題

一、在學校中經常有一些學習弱勢學生，缺乏學習成就感與自信心，影響其未來生涯發展甚鉅。倘若您是某所國中校長，請分析形成學習弱勢學生的原因，並提出幫助學習弱勢學生的有效作法。

二、近來，就讀私立國中是許多家長爲國小畢業生所做的選擇。私校的選擇在「升學」的考量外，是否還有其他原因？如果服務學校的附近就有一所著名的私立國中，身爲校長的您，在辦學上會採行哪些作爲吸引家長認同，並願意將子女送到貴校就學？

三、臺南市教育局領先全國，自 108 學年度首創「校園健康體適能與飲食教育行動方案」，透過日常的創意活動，將運動教學樂趣化，飲食教育在地化，養成規律運動與正確的飲食習慣，從小打底，達到「活力臺南、食在健康」的目標。您如果是國中校長，請具體說明學校如何配合教育局的此項政策？

四、學生問題行爲越來越複雜，非單一學校處室或人員可以處理，需要整合校內與校外的資源，因此系統合作就顯得更加重要。試問身爲國中校長可以針對系統合作之運用，提出何種具體的策略或方法？

五、爲達成永續發展目標，教育部規劃了「永續校園推廣計畫」。如果您擔任校長，請說明如何規劃與推動永續校園推廣計畫，達成永續發展目標。

臺南市 109 年度國民中小學校長甄選國民小學筆試試題

一、提升「教育品質」爲學校經營重要目標之一，請回答下列問題：
(一) 教育品質的意涵爲何？
(二) 假如您是某所國小校長，您如何確保學校教育品質？

二、欣欣國小在十年前曾獲得教育部的閱讀磐石獎，教師對學校的閱讀特色課程深感自豪。於是，在 108 新課綱彈性學習課程規劃時，運用一節課進行這些閱讀課程，便成爲教師們自然而然的共識。甫到該校任職的 A 校長發現，學校閱讀特色課程的規劃雖然不錯，各年級都有共讀書目，也都設計了學習單，但若仔細分析便可發現，書籍的出版時間多已久遠、內容也不太符合現在學生的生活經驗；所設定的目標都屬於國語文領綱中的學習

表現。試問，這樣的閱讀特色課程可以運用彈性學習課程時間進行嗎？其理由爲何？你會對這樣的閱讀特色課程提供何種精進的建議？

三、在國小英語授課節數無法增加下，臺南市引進「學科內容與語言整合學習」（Content and Language Integrated Learning, CLIL）教學，部分領域（科目）如藝術、綜合、健體、自然等，採全英語教學，兼重英語和學科內容學習。請論述國小如何落實此雙語教學計畫的具體策略。

四、現在的孩子經常容易生氣與情緒控制不佳，請說明爲何孩子容易生氣與情緒控制不佳的原因分析。如果您是一個國小校長，請您說明如何規劃全校性的情緒管理方案與落實。

五、語言是創造意義與世界觀的動態資源，外語教育是跨文化和語言交流的場域，可以促進學生的全球素養。如果您擔任校長，請說明您如何領導學校教師團隊推動外語教育，提升學生的全球素養。

澎湖縣 100 學年度國民小學候用校長甄選筆試試題

一、「國際化」（internationalization）是時代的潮流，莫之能禦。試問國小校長在校務的推展上，該如何以「提升教育力，永續創新局」爲願景，來完善教育環境？試論之。

二、優質學校的意涵與指標爲何？身爲一位小學校長，應採取哪些措施，使學校成爲優質學校，請申論之。

三、教育部於 101 年 2 月 6 日召開 101 年度第一次全國教育局（處）長會議，宣示「中央引領，地方致力，共同穩固十二年國教根基」的目標，提出哪四項「提升國中小教學品質」之具體作爲？若您身爲校長，如何落實此四項具體作爲，以達到「中央引領、地方致力、學校落實」的理念？

四、如果您經由遴選程序，被遴選到一個老舊學校擔任校長，需要面臨改建舊校舍，在改建校舍的同時，也須對學校校園景觀做重新的規劃；且依據過去的經驗，這一所學校的家長會常常對校務運作有很多的意見，凡事都要積極介入。請問：

(一) 校舍配置需要注意哪些原則？

(二) 學校環境要如何規劃，才能動靜分明，幽雅舒適，具有良好的境教

效果？

(三) 面對家長的諸多意見，如何溝通協調？

五、請依據「新修訂之性別平等教育法」之相關規定，論述性別平等「學習環境與資源」之建構與實施？

110年度臺中市市立國民小學候用主任甄選筆試試題

一、請簡述素養導向特色學校的核心概念，再論述國民小學各處室推動素養導向特色學校的有效策略與具體作法。

二、依「性別平等教育法」的明文規範，國小教育人員在處理校園性侵害、性騷擾或性霸凌事件時，如以主任的角色為例，應特別注意的事項為何？請援法具體說明之。

三、「學習扶助」（補救教學）是當前政府實踐教育機會均等與社會正義重要政策之一，「科技化評量」則是衡鑑學習扶助成效的重要方式。請討論如何進一步發揮科技化評量的功能，以提升學習扶助的成效。

四、為因應2020年新冠肺炎（COVID-19）疫情大流行，全球為數不少的學校已將實體授課全部或部分轉為線上授課。雖臺灣至今在新冠肺炎疫情控制得宜，但也需要未雨綢繆。身為主任，請規劃一個「因應實體授課全數轉為線上授課的方案」（必須包括：學校資訊設備條件需求評估、不同師生群體可能遇到的困難及因應方法等）。

五、教師專業學習社群乃是提升教師專業素質的重要利器，試請從永續發展（sustainable development）的觀點，來說明如何促使學校中的教師專業學習社群能永續的經營與運作？

110年度臺中市市立國民小學候用校長甄選筆試試題

一、何謂「專業資本」（professional capital）？請提出提升教師專業資本的重要策略。

二、校長素養領導的意涵為何？校長採行素養領導的重要性和價值為何？並請提出校長實施素養領導的策略和作法？

三、依據109年7月修正發布之《校園霸凌防制準則》，何謂「校園霸凌」？

又該準則規定，學校對於校園霸凌之防制應以預防爲原則。請說明該準則規定，學校預防校園霸凌的措施有哪些？

四、校務發展的意義與內涵爲何？如何建立學校的自我評估機制予以落實？請申述您的看法。

五、近年來有許多組織理論學者倡導：透過專業學習社群提升教師專業素養。試以「推動美感教育融入各領域課程」爲例，說明如何透過專業學習社群，提升學校教師此項課程規劃與實踐的能力？

高雄市 110 年市立國民中小學主任甄選試題（自行申請）

一、國際教育 2.0 白皮書中以「接軌國際、鏈結全球」爲發展願景，若您擔任高雄市一所國中／小主任，會選擇哪些方式來推動以「國際交流」爲主軸的國際教育，並進一步培養貴校的學生成爲 21 世紀的全球公民。

二、學校一般分爲行政端及教學端，兩端之間時常存有鴻溝，無法相互體諒及配合。試問，身爲主任宜如何善用溝通技巧，拉進行政與教學端的歧見及落差。

三、假設在服務的學校有不少體重超重的老師與學生，若您身爲學務主任或輔導主任時，請擬定一份學期內四個月的減重計畫，以提供全校來加以實施。並依據生理／心理衛生教育的相關理念，詳細地列出此一減重計畫的內容，包括：實施理由、對象、具體項目、流程、檢核方式、實施成效與激勵措施等。

四、108 課綱強調學生是自發主動的學習者，國中（或國小）如何規劃主動學習空間（active learning spaces），以促進學生主動學習？請具體舉例說明之。

高雄市 110 年市立國民中小學主任甄選試題（校長推薦）

一、〈高級中等以下學校教師專業審查會組成及運作辦法〉已於民國 109 年 6 月 28 日發布，希望可以適時提供學校專業見解，協助學校積極有效處理教學不力之不適任教師。試以高雄市一所國中／小主任的角度來思考「專審會」此一機制對學校現場可能的影響。

二、學務工作常會接觸到有情緒問題的學生，請由學務、輔導、導師、學生端等面向，分析如何協同來協助有情緒問題的學生。

三、校園的霸凌（bullying）事件，一直是近年來常見的學校嚴重教育問題，若您是學務主任或輔導主任時，請提出有效防制校園霸凌的具體建議，並一一加以論述之。

四、世界各國積極整合綠建築和永續教育以推展永續校園（sustainable school），國中（或國小）如何規劃和建置永續校園環境與設施？請具體舉例說明之。

臺南市 110 年度國民中小學校長甄選國民中學筆試試題

一、A校長懷抱教育理想，多年努力，總算通過甄選成為初任校長。興沖沖走馬上任之初，才驚覺學校出現「行政大逃亡」之現象。學校多位主任與組長離職，經過多次挽留，成效卻不大。檢視此校以往紀錄，資深老師多不願兼任學校行政主管，最後只能強迫抽籤或由代課老師充當，日復一日，造成學校行政人才斷層。代課老師一年一聘，教學經驗不足，更難以勝任行政工作，也造成經驗無法傳承。行政團隊人員無法確定，造成學校很難創新與進步。眼看開學在即，A校長四處奔走，甚至不惜向鄰近學校「挖角」。身為學校領導者，A校長應如何處理此項危機？請說明您建議的策略與因應之道。

二、109 年 6 月 30 日前後發布施行「教師法」第 22 條第 1 項本文：「教師涉有下列各款情形之一者，服務學校應於知悉之日起一個月內經教師評審委員會審議通過後，免報主管機關核准，暫時予以停聘六個月以下，並靜候調查……」。學校接獲通報教師疑似涉有師對生性平案件情形之日起，即依法移請教師評審委員會，於一個月內審議是否「暫時予以停聘，並靜候調查」？通常學校人事室接獲「教師法」修正公文，會轉知學校教師，「務請各位師長先進對性別平等議題謹言慎行，特為善意提醒！」您認為除了善意提醒之外，還有哪些具體的策略以防止校園性平事件的發生？

三、行政院於民國 107 年發布「2030 雙語國家政策發展藍圖」，希望促成於2030 年成為雙語國家。請評析目前中央或地方有哪些促進雙語的相關政

策或方案？您認為，一所國中若要推動雙語教育，應該要考量並促進哪些面向的因素？

四、網路成癮的現象在國中日益嚴重，試問學校要如何規劃一級二級三級預防輔導事宜，以改善成癮現象？

五、108課綱中的校訂課程，提出學校應發展跨領域的主題、專題或議題的課程，但國中教師長期處在分科教學的環境下，面對跨領域的教學顯然會對其教學習慣和經驗產生挑戰，甚至有國中教師提出請教育部盡快公布跨領域的試題，我們才能決定要怎麼教。身為該校校長的您，請依序回答下列問題：

(一) 該校教師說：「請教育部盡快公布跨領域的試題，我們才能決定該怎麼教。」從課程、教學、評量三者整合思考的原則下，這句話出現哪些錯誤的思維？並請加以評析？

(二) 身為校長如何讓分科教學的教師具備協作跨領域課程的研發乃至進行協同教學？

臺南市 110 年度國民中小學校長甄選國民小學筆試試題

一、學校的教務主任對於學習扶助工作的推動非常用心，為了讓甫到任的校長能夠了解學生在篩選測驗上的表現，特別將連續兩年的數據做了整理，同時也提供了提報率、施測率、受輔率和進步率等數據。作為初任校長的您，請依序回答下列問題：

	未通過率（人數 / 比例）				提報率	施測率	受輔率	進步率
	2019-05		2020-05		國語 / 數學	國語 / 數學	國語 / 數學	國語 / 數學
	國語	數學	國語	數學				
1 年級	6/35.29	3/16.67	13/59.09	14/70.00	8.46/7.69	100/100		無 / 無
2 年級	3/15.79	5/25.00	14/66.67	15/93.75	10.82/8.24	100/100		無 / 無
3 年級	13/59.09	27/96.43	11/73.33	18/100.00	8.92/10.71	100/100	0.00/28.06	無 / 100.00
4 年級	22/57.89	36/85.71	13/44.83	47/94.00	13.55/23.36	100/100		無 / 83.33
5 年級	24/46.15	45/88.24	16/48.48	44/81.48	16.92/27.69	100/100		無 / 100.00
6 年級	21/47.73	35/62.50	18/46.15	57/89.45	18.05/27.77	100/100		無 / 92.31

　(一) 從上列各項數據，反映出這所學校在推動學習扶助工作上，有哪些
　　　問題必須獲得改善？

　(二) 請分別針對您所提出的問題，提出改善策略與預期的成效？

二、為強化我國學童的國際觀與全球素養，國際教育已經成為我國中小學教育
　　重要的一環。請分別說明中央與臺南市各有哪些重要的國際教育政策？請
　　試圖以 SWOTA 架構，分析一所學校推動國際教育的優劣勢有哪些因素？

三、校園安全與正向環境是學生身心發展的重要情境教學之一。若您是校長，
　　請問會如何規劃校園，成為安全與正向學習的學校？

四、A 生為具有 ADHD 注意力不足過動症學生，因為家庭搬遷轉入就讀。由
　　於具有情緒與行為問題，往往不服老師之管教，也造成上課秩序的混亂。
　　此外，導師也發現家長並未讓學生按時服藥，造成身體情況時好時壞，相
　　當難以處理。由於情況並未改善，班上學生家長也發動連署希望學生轉班
　　或轉學。然而家長卻堅持融合教育，仍然希望學生留在普通小學就讀。身
　　為學校的領導者，應如何處理此項危機？請說明您的策略與因應之道。

五、配合十二年國民基本教育新課程，深化教師專業發展支持系統，鼓勵教師
　　以專業學習社群方式落實推動教師專業對話，經營校內共同學習氛圍，攜
　　手研商解決教育問題的策略是既定的政策。除了校內的教師專業學習社群
　　的運作之外，如何配合教育局「跨校合作創新學習」規劃的方向，進一步
　　擴展教師的視野並促進其專業成長，以增進教學效能並提升教學品質？

南投縣 110 年國民中學校長甄選試題

一、2020 年新冠肺炎（COVID-19）疫情肆虐全球，180 多個國家的政治、經
　　濟與文化發展受影響，也改變人類的生活形態與互動模式，許多學校也
　　因此停課關閉校園，超過 10 多億名學生無法到校上課，對學校教育發展
　　產生劇烈衝擊。邁入 2021 年，後疫情時代將可能持續造成教育型態的轉
　　變，您若是國中校長，有何因應的策略與作法？試析論之。

二、因應行政院的雙語國家政策，在國中階段推動雙語教學已勢在必行，但國
　　中生英語學習成效的雙峰現象一直存在，有人擔心雙語教學會使偏鄉學
　　校的英語雙峰現象更嚴重。如果您是偏鄉學校的校長，您要如何解決此困

境，請具體說明解決策略。

三、教育政策的制定需綜合考慮到影響政策推行的各層面因素，方能達致解決教育重大問題的訴求，請以十二年國教政策中對於高中的升學進路規劃對國民教育永續經營的影響為例，從教育政策影響的多層面因素角度評論其政策制定之妥適性。

四、某國民中學屢被學區家長投訴學生在校外行為不佳，抽煙、打架的狀況屢見不鮮，身為校長的您，有哪些輔導制度或資源可資運用，協助您一起面對此問題？您又將採用何種輔導方式以處理此問題？請提出您的看法。

五、試述社會資源（social resource）的意涵與種類？國中如何有效整合與運用社會資源以促進學校發展？

南投縣 110 年國民中學主任甄選試題

一、某國中內部長期傳出抱怨聲，認為前任的教務主任重視私人交情，對少數教職員特別關愛，這些人工作負荷比別人輕，好處卻比別人多，造成學校組織氣氛不佳，多數教職員工作士氣相當低落，缺乏奮進投入校務的動力。身為新任教務主任的您，如何解決上述領導者處事不公平與學校組織氣氛不佳的問題？試論述之。

二、十二年國教課綱強調素養導向的評量，請問素養導向的評量有哪些基本要素？您認為學校推動素養導向評量設計最大的困境為何？如果您是學校主任，應如何解決此困境？

三、111 學年度起本土語言將納入中小學必修課程，教育部課程審議會本一月九日決議國一、國二每週必修一節本土語言課程。請您論述此一語言教育政策制定的背景、目的及將來正式實施後對於國民中學教育將會帶來哪些影響？

四、十二年國教強調學生的適性發展，請問何謂適性發展？若您是學校輔導主任，要如何規劃相關的活動或方案，讓學生能夠了解自己進而適性發展？

五、終身學習（lifelong learning）乃為當前國際教育趨勢，試述正規學習（formal learning）、非正規學習（non-formal learning）、非正式學習（informal learning）的意涵？如何在國中階段具體培養學生的終身學習能力與習慣？

南投縣 110 年國民小學主任甄選試題

一、學校內部常出現本位主義，各處室或教職員間只在乎個別利益，而不顧學校整體發展，造成組織效能不彰，影響學校目標的達成。如果您是新任國小主任，要如何改善校內本位主義的情況？又應如何建立「共事、共榮、共贏、共好」的優質學校組織文化？試論述之。

二、十二年國教課綱的彈性學習課程強調跨領域統整課程設計，請以教務主任觀點，說明您理想的跨領域課程設計圖像，包含如何選定主題或議題、領域的統整、教師的協作、學生的學習活動與評量等。

三、本土化與全球化是目前學校教育的兩大主流，請問此兩者間是否存在衝突？又假如您是學校的學務主任，請問您有何面對之策？

四、國小六年級學生已有為數不少人進入青春期，但亦有一大半學生尚未發展至此階段，因此二者之間常因生心理的發展速度不同，而在某些日常大小事情上因觀念不同而起爭執，請問您若是輔導主任，要如何面對此問題？您的處理方式又是如何？

五、身處南投縣的教育環境，您認為有哪些社會資源可具體運用於學校教育發展，進而豐富教育的內涵與成果？

國家圖書館出版品預行編目資料

學校行政第一本書：策略與方法／ 林進材著.
——初版.——臺北市：五南圖書出版股份
有限公司, 2022.02
　　面；　公分
　ISBN 978-626-317-505-1 (平裝)

　1.CST：學校行政

526　　　　　　　　　110021922

1I5B

學校行政第一本書
策略與方法

作　　者 ― 林進材(134.1)

發 行 人 ― 楊榮川

總 經 理 ― 楊士清

總 編 輯 ― 楊秀麗

副總編輯 ― 黃文瓊

責任編輯 ― 黃淑真、李敏華

封面設計 ― 姚孝慈

出 版 者 ― 五南圖書出版股份有限公司

地　　址：106台北市大安區和平東路二段339號4樓

電　　話：(02)2705-5066　　傳　真：(02)2706-6100

網　　址：https://www.wunan.com.tw

電子郵件：wunan@wunan.com.tw

劃撥帳號：01068953

戶　　名：五南圖書出版股份有限公司

法律顧問　林勝安律師事務所　林勝安律師

出版日期　2022年2月初版一刷

定　　價　新臺幣380元

經典永恆・名著常在

五十週年的獻禮──經典名著文庫

五南，五十年了，半個世紀，人生旅程的一大半，走過來了。

思索著，邁向百年的未來歷程，能為知識界、文化學術界作些什麼？

在速食文化的生態下，有什麼值得讓人雋永品味的？

歷代經典・當今名著，經過時間的洗禮，千錘百鍊，流傳至今，光芒耀人；

不僅使我們能領悟前人的智慧，同時也增深加廣我們思考的深度與視野。

我們決心投入巨資，有計畫的系統梳選，成立「經典名著文庫」，

希望收入古今中外思想性的、充滿睿智與獨見的經典、名著。

這是一項理想性的、永續性的巨大出版工程。

不在意讀者的眾寡，只考慮它的學術價值，力求完整展現先哲思想的軌跡；

為知識界開啟一片智慧之窗，營造一座百花綻放的世界文明公園，

任君遨遊、取菁吸蜜、嘉惠學子！